シリーズ【実像に迫る】017

清須会議

秀吉 天下取りへの調略戦

柴 裕之

shiba hiroyuki

戎光祥出版

はしがき

天正《てんしょう》十年（一五八二）六月二十七日、尾張清須《おわりきよす》城（愛知県清須市）にて、織田信長死後の政治運営と所領配分をめぐり、宿老《しゅくろう》の柴田勝家《しばたかついえ》・羽柴秀吉《はしばひでよし》・丹羽《にわ》（惟住《これずみ》）長秀《ながひで》・池田恒興《いけだつねおき》が会し、協議をおこなった。この協議こそが、世に知られる「清須会議《きよすかいぎ》」である。

清須会議で最も重要な協議内容だったのが、信長の死後に、天下人《てんかびと》としての織田家の家督を誰が継ぐかということである。信長の後継者は嫡男《ちゃくなん》の信忠《のぶただ》だったが、信忠も本能寺《ほんのうじ》の変《へん》で討たれてしまったので、候補に挙がったのは、二男で伊勢北畠《いせきたばたけ》家を継いでいた信雄《のぶかつ》と三男の信孝《のぶたか》であった。

両者は後継者の地位をめぐって争い、柴田勝家は信孝を家督に推した。これに対して、信長・信忠を討った明智《あけち》（惟任《これとう》）光秀《みつひで》の討伐戦に功績があった羽柴秀吉は、信忠の遺児《いじ》で、まだ数え年で三歳の三法師《さんぼうし》（のちの秀信《ひでのぶ》）を跡継ぎとするよう主張する。これには丹羽長秀・池田恒興も同調し、三法師が織田家当主となることが決まった。そのうえ、会議での所領配分の結果、秀吉は山城《やましろ》国（京都府）などの枢要な地域を獲得し、織田家の主導権を握り、やがて信長後継の天下人として歩み始める。

これが、読者諸賢もご存じの清須会議像だろう。二〇一三年十一月に公開され話題になった、三谷幸喜氏監督の映画『清須会議』（フジテレビジョン・東宝製作）も、このような歴史像に基づき描かれている。

では、実際のところはどうであったのだろうか。近年、本能寺の変から秀吉が天下人として台頭する時期の研究が進んで「秀吉史観」ともいうべき秀吉の天下人への台頭を前提とした歴史観の存在が明らかになり、これまでの清須会議像は再検討が必要となっている。また、信長死後も生前の政治構想のも

とに設けられた仕組み（これを研究者は「織田体制《おだたいせい》」と呼んでいるので（堀二〇一〇ほか）、本書でも用いる）が生き続け、その後の動向に影響を与えていたことが分かり、秀吉の天下人への台頭も、このなかでなされていったとされている。

そこで、本書はこうした近年の研究成果をふまえて、同時代史料の検討から清須会議の「実像」を明らかにしていき、信長死後の「織田体制」のもとでの動向と、その「結果」がもたらした、秀吉の天下人への台頭という事態を追ってみたい。

なお、「清須会議」の呼称は後世のものである。当時の史料には「清須にて談合せしめ候」（「金井文書」『秀吉』五一二）とあるように、「談合」と記している。しかし、一般によく知られていることから、本書では「清須会議」とする。また、清須は「清洲」とも記されるが、当事者の勝家・秀吉はいずれも「清須」と記しているので（『南行雑録』「金井文書」丹羽参考51・「金井文書」『秀吉』五一二）、「清須」を用いる。

二〇一八年八月

柴　裕之

＊本書で多出する出典史料集については、以下のように略記する。なお、略記の下に記した数字は、各史料集所収の史料番号（文書番号）を示す。

『愛知県史』資料編11織豊1…『愛11』、『同』資料編12織豊2…『愛12』、『同』資料編12織豊3…『愛13』

名古屋市博物館『豊臣秀吉文書集』一～四……『秀吉』

功刀俊宏・柴裕之編『戦国史研究会史料集4　丹羽長秀文書集』……『丹羽』

シリーズ【実像に迫る】017
清須会議　秀吉天下取りへの調略戦
目次

清須会議の舞台と宿老衆

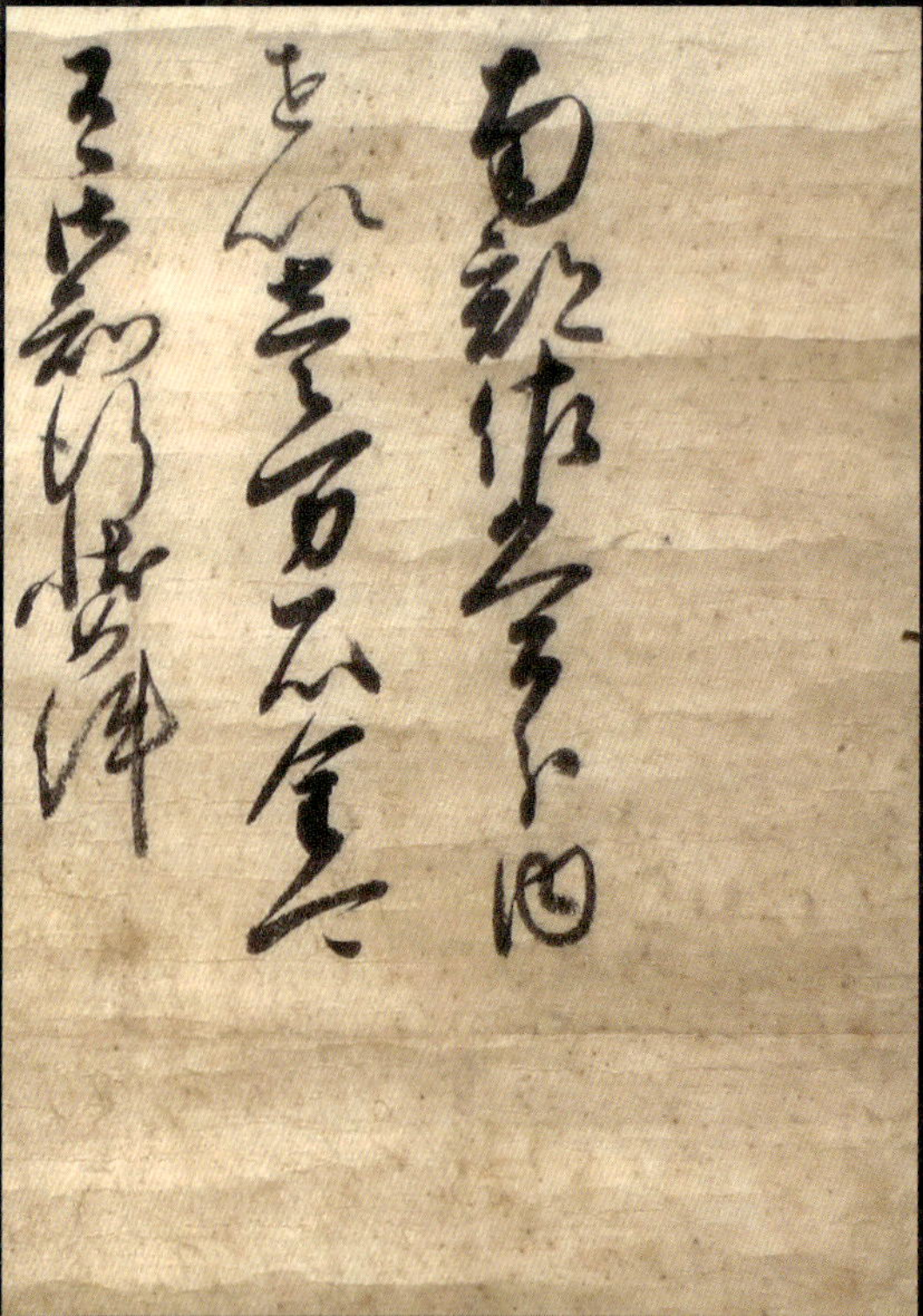

◀蒲生忠三郎宛て安堵状■清須会議と同日付けで羽柴秀吉・丹羽（惟住）長秀・池田恒興・柴田勝家の４名が出した文書。宛て先は近江国衆で日野城主であった蒲生忠三郎（のちの氏郷）である。本能寺の変のとき、蒲生氏郷は父の賢秀とともに、居城の日野城に信長の妻子を迎えて守備を固めた。本文書は、このときの恩賞として１万石の所領を与えたものである　本居宣長記念館蔵

▶名古屋城西北隅櫓■清須城の天守の古材を転用した可能性が高く、清洲（清須）櫓とも称する。清須城は開発で大部分の遺構が失われ、創建当時の絵図などもないので外観や規模も不明であり、清洲（清須）櫓は往時の清須城を考える際に貴重である　名古屋市中区

▲清須城跡の石垣■主郭東辺の発掘調査で発見された、最大で５段、高さ約２メートルの野面積みの石垣である。本来は城郭部全体を巡っていた可能性が高い　愛知県清須市　画像提供：公益財団法人愛知県教育・スポーツ振興財団愛知県埋蔵文化財センター

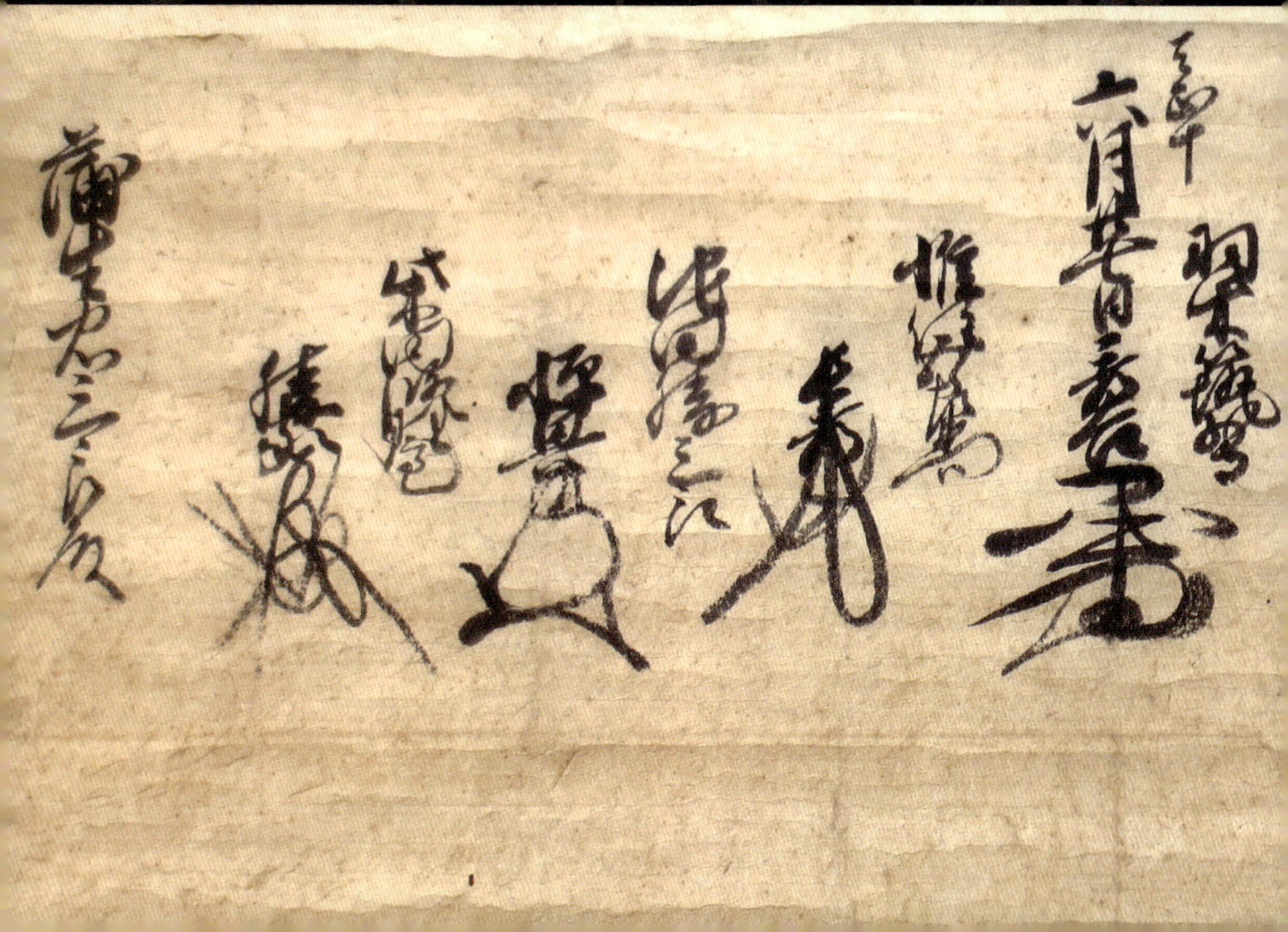

◀豊臣秀吉画像■織田家重臣のなかでは柴田勝家や丹羽長秀らに比べて新参者である。しかし、明智光秀征伐の中核となり、織田信長の敵討ちに成功したことから、発言力を強めていた　名古屋市秀吉清正記念館蔵

▶織田秀信（三法師）画像■織田信長の嫡孫。清須会議で信長の後継者として推戴されるも、三法師はわずか３歳であった。この画像は清須会議を経た後年の姿を描いている　岐阜市・円徳寺蔵　岐阜市歴史博物館寄託

◀柴田勝家画像■織田家重臣の筆頭で、越前国をはじめ最大の支配領域をもつ。ただし、北陸情勢への対応のため、明智光秀征伐に後れを取り、挽回をはかる立場にあった　柴田勝次郎氏蔵　福井市立郷土博物館保管

▶丹羽長秀画像■柴田勝家に並ぶ織田家の重臣であり、明智光秀の征伐でも活躍した。しかし、本能寺の変の影響で自身の領国である若狭国が混乱状態になってしまっていた　東京大学史料編纂所蔵模写

◀池田恒興画像■織田信長存命時に摂津での戦いで活躍し、山崎の戦いでも秀吉と連繋して明智光秀征伐の主力になった。ただし、支配範囲は摂津国の数郡で、秀吉・勝家・長秀より小規模であった　鳥取県立博物館蔵

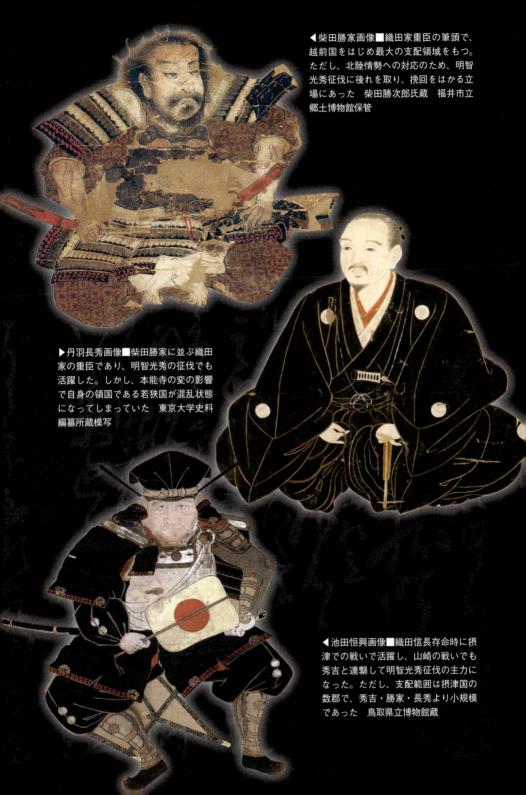

▲『豊臣昇進録』■中央に三法師を肩に担いだ羽柴秀吉が立ち、三法師こそ織田信長の後継者だと主張している。これは、三法師を家督に据え、実権を握ろうとする秀吉の姿ともいえる。本画像は幕末から明治初期にかけて活躍した浮世絵師である月岡芳年によるもので、あくまで当時のイメージであるが、こうした場面が清須会議の実像にも大きな影響を与えている　あま市美和歴史民俗資料館蔵

▲『紫野大徳寺焼香之図』■上の画像と同じ場面を描いたものだが、構図が若干異なる。右側に三法師を担ぐ羽柴秀吉を、左側に対立する柴田勝家・滝川一益・佐久間盛政らを描いている。このほかにも構図が異なるものが多くの絵師によって描かれ、清須会議や紫野大徳寺での葬儀のイメージが広まっていった　個人蔵

第一部　信長の死と権力争い

本能寺の変で命を落とした織田信長の後継者は誰か？　羽柴秀吉か、柴田勝家か、はたまた残された信長の子どもか⁉　「天下」を手に入れようとそれぞれの思惑がぶつかりあう。

織田信長画像■愛知県豊田市・長興寺蔵　画像提供：豊田市郷土資料館

第一章　本能寺の変で情勢が一変

■信長・信忠父子が討たれる■

天正十年（一五八二）六月一日の夜、安芸《あき》毛利氏との戦争のために丹波《たんば》亀山《かめやま》城（京都府亀岡市）を出発した織田家重臣の明智[*1]（惟任《これとう》）光秀の軍勢は、老坂《おいのさか》より京都へと向かった。

このとき京都には、織田信長が西国出陣を前に、五月二十九日から当時は四条《しじょう》西洞院《にしのとういん》（京都市下京区）にあった本能寺にいた。また、信長の嫡男で、織田家当主を継いでいた信忠《のぶただ》も上京しており、二条《にじょう》の妙覚寺《みょうかくじ》（同中京区）に滞在していた。つまり、このとき京都には、織田権力（天下人織田家のもとに展開していた中央の領域権力）の最高権力者（天下人）とその後継者、そして日常政務に携わる少数の小《こ》姓衆《しょうしゅう》・馬廻衆《うままわりしゅう》（親衛隊）という、権力中枢の人物たちが一同に会していた状態だったのだ。

京都に入った明智勢は、翌日の二日早朝、公家の山科言経《やましなときつね》の日記『言経卿記』によれば午前六時頃（「卯刻《うのこく》」）に、本能寺の四方を取り囲んで攻撃を開始した。明智

＊1　明智（惟任）光秀■当時は惟任姓を称していたが、以下、明智で統一する。

＊2　『本城惣右衛門覚書』■寛永十七年（一六四〇）八月に、丹波の武士本城惣右衛門が自らのこれまでの戦歴をまとめて記したものである。天理大学附属天理図書館所蔵。

＊3　『信長公記』■信長の家臣太田牛一が記した信長の一代記。

＊4　森成利■森乱、一般には「森蘭丸」として知られる。

勢のなかに参加していた武将の本城惣右衛門《ほんじょうそうえもん》によると、寺内へ突入したとき、門は開いていて、広間は無人のような静けさで、蚊帳《かや》ばかりの状況であったとされる（*2『本城惣右衛門覚書』）。

一方、*3『信長公記《しんちょうこうき》』によると、信長は明智勢による攻撃を*4森成利《もりなりとし》から報告を受けると、「是非《ぜひ》に及ばず」と述べたという。そして、居所の「御殿」で小姓衆を率い、自ら弓や鑓を用いて迎え撃った。だが、少数の信長勢は一万人余とされる明智勢には衆寡敵《しゅうかてき》せず、森成利ら小姓衆は討ち死にし、信長も肘に負傷した後、殿中の奥へ退いて自刃し、四十九歳（以下、本書での各人の年齢は数え年で表記する）の生涯を閉じた。

信長を討った明智勢は、続いて信忠の討伐へと進む。すでに信忠は、明智勢の本能寺襲撃を聞き、救援に赴くべく妙覚寺を出発していたが、その途次、京都奉行の村井貞勝《むらいさだかつ》とその子息貞成《さだなり》・清次《せいじ》から本能寺落居の報告を受けると、村井父子

織田信長廟所■本能寺の変で自刃した信長の遺骸を、阿弥陀寺の清玉上人が運び出し、埋葬したといわれる　京都市上京区・阿弥陀寺

本能寺跡の碑■たびたびの火災により、本能寺の変のときに堂宇があった場所には碑が残るのみである。現在の本能寺は秀吉により移転を命じられた場所に建つ　京都府中京区

ともに明智勢の迎撃に備えて二条御所《にじょうごしょ》（京都市中京区）へ入った。

二条御所は、もともとは信長の京都屋敷として天正四年（一五七六）に造営されたが、同七年に正親町《おおぎまち》天皇の後継者の地位（皇儲《こうちょ》）にあった誠仁《さねひと》親王一家に進上され、当時は親王御所（下御所《しもごしょ》）としてあり、公家たちも参上していた。このため、親王一家や詰めていた公家たちの身上にも危機が及ぶ事態に陥る。そこで、明智勢との間で交渉となり、親王一家や詰めていた公家たちは、午前八時頃（「辰刻《たつのこく》」）に正親町天皇の御所（上御所《かみごしょ》）へ退避した。

この後、信忠勢と明智勢との間で交戦が始まり、信忠勢は善戦するが、明智勢が北隣の近衛前久《このえさきひさ》邸の屋上より弓や鉄砲で攻撃すると、次第に無勢となり、御殿にも火がかけられたことを受け、信忠は自刃した（享年二十六）。また、この戦いで信忠の弟織田信房《のぶふさ》（信長の四男）や村井貞勝父子、菅屋長頼《すがやながより》ら多くの馬廻衆が戦死した。

信忠勢を破った光秀は、近江《おうみ》国坂本《さかもと》（大津市）へ進軍し、近江国を制圧したうえ、六月五日に天下人信長の政庁であった安土《あづち》城（滋賀県近江八幡市）へ入城を遂げる（『兼見卿記』ほか）。これが、天下人だった織田信長を、重臣の明智光秀が強襲して討ち果たした政変（クーデター）として知られる、「本能寺の変」である。

■光秀はなぜ信長を討ったのか■

村井貞勝画像■信長の家臣で、京都に関わる行政全般を任された。本能寺の変に際しては、信忠のもとに駆けつけて防戦するも、討ち死にしている　東京大学史料編纂所蔵模写

本能寺の変がなぜ起きたのかは、明智光秀の怨恨説や野望説、さらにはその背後に朝廷や室町幕府将軍足利義昭《あしかがよしあき》の存在などをみる「黒幕」説など、現在でも論争は尽きることがない。

だが、はっきりしていることとして、信長を中心とした織田権力（「日本国」*中央の領域権力としてあった織田家）の中枢と、重臣の光秀との政治運営をめぐる対立が、直接の要因にあったことだけは間違いないのではなかろうか。実際に、本能寺の変により、光秀は信長だけでなく、このとき織田家の当主であった信忠を討ち果たしている。さらにその後は、織田権力の政庁としてあった近江安土城を押さえている。

明智光秀画像■大阪府岸和田市・本徳寺蔵　画像提供：岸和田市役所観光課

したがって、この政変の要因として、現状の織田権力中枢への反旗（解体）と掌握をみることができる〔柴二〇一四①〕。

そして、天下人の信長と嫡男の信忠とが共に討たれたことから、天下のみならず、織田権力の政治的・軍事的影響下にあった各地方にも影響が広がっていく。

ここで、当時の「日本国」のあ

*「日本国」■現在と異なり、北海道・沖縄諸島を含まない本州・四国・九州で構成された国のことである。

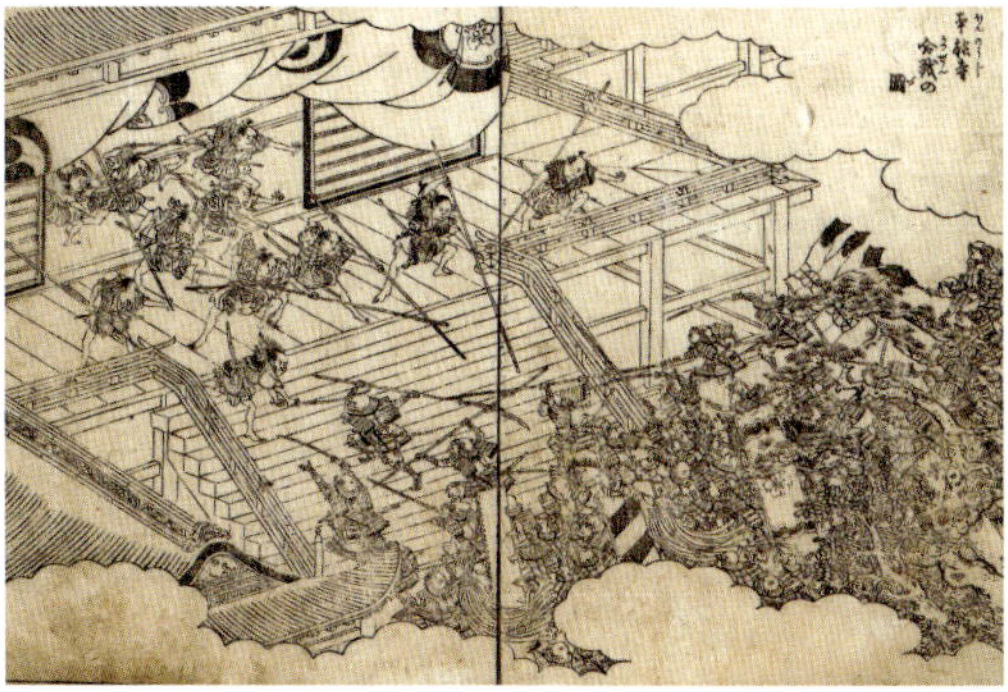
『絵本太閤記』に描かれた本能寺の変■江戸時代に描かれたものだが、戦いの様子がよくわかる　当社蔵（以下、※と略す）

りさまを述べておこう。戦国時代は、室町時代までの中央であった京都・鎌倉（神奈川県鎌倉市）に政治権力が収斂し、国内政治が決められ、そのもとに地方支配が運営されていく状況から、それぞれの地域が自立し運営されていくという時代状況があった。この結果、各地にはそれぞれの地域を束ね運営していく戦国大名や国《くに》衆《しゅう》といわれる地域的領域権力が現れ、そのもとに、「国家」という自治領域・集団（これを本書では、「地域「国家」」と呼称する）が展開した。

　戦国大名は、およそ当時の行政範囲としての尾張国など一国以上の地域を領国として自己の判断のもとに統治し、領国内の行政・軍事を管掌した領域権力である。当時来日していたヨーロッパ人は、戦国大名として君臨する当主の存在を、自国の「王（Rei）」と変わらぬ存在と認識し、その領国を「王国（Reino）」として表した。

　一方、「国衆」とは、多くは戦国大名に従属して活動する地域的領域権力である。彼らは、およそ国内の郡や庄《しょう》といわれる規模（現在の市町村レベル）の地域を領国として自治運営する領域権力だった。だが、自身だけでは政治・軍事両面で領国の安泰を維持することができず、戦国大名の政治的・軍事的保護下に入った。そのため、大名の家臣という立場にあるが、国衆当主は大名権力の直接的な構成員（従者）である「譜代《ふだい》」の家臣とは異なる。自身の地域「国家」の存立のために戦国大名に従ったにすぎず、戦国大名が政治的・軍事的保護を怠ることがあれば離叛もした。

　つまり、戦国大名と国衆との関係を企業で例えると、戦国大名は有力な大企業、

『桶狭間今川義元血戦』に描かれた今川義元■戦国大名の特徴を示すものとして、今川氏が制定した分国法の『今川仮名目録追加』第二十条がある。そこには、自分の力量で領国に法度を言い付け、平和を維持しているので、今川氏が干渉できない事柄はないと書かれている。自己の判断のもとに統治していることがよくわかる　個人蔵

国衆は中小企業にあたり、存立を保持するために、国衆という中小企業は戦国大名という有力な大企業のグループ傘下に取り込まれ、その子会社となったというイメージである。

戦国時代は、こうした戦国大名・国衆が各地に君臨し、その領国を地域「国家」として運営する、〝地域「国家」の時代〟であった。このなかで、各地方では国衆らが政治的・軍事的保護を求めて、有力な戦国大名の傘下に属していった。これにより、戦国大名の領国は、傘下に入った国衆の領国を併呑した統合圏として展開していく。

したがって、戦国時代の「日本国」は、国内が一元化された状態ではなかった。地域「国家」や、戦国大名のもとで形成された統合圏の複合体によって構成されていたのである。そして、このなかで、それを束ねる天下と称された中央「国家」があったことにも注目しなければならない。

天下と聞くと、一般的に「日本」全国をイメージされよう。だが、当時来日していたポルトガル人のキリスト

オルテリウス世界図—日本専図—■16世紀のアントワープで活躍した地図製作者のオルテリウスが描いたものである　滋賀県立安土城考古博物館蔵

教*1イエズス会宣教師《せんきょうし》たちが「日本」人からの情報をまとめた報告書によると、戦国・織豊《しょくほう》時代の天下は、「都の周辺に位置する五畿内《ごきない》なる五つの領国」（一五八九年二月二十四日付ガスパル・コエリョ書翰、『十六・七世紀イエズス会日本報告集』第Ⅰ期第1巻所収）とされる。つまり、京都を中核とした山城《やましろ》・摂津《せっつ》・和泉《いずみ》・河内《かわち》・大和《やまと》の周辺各国（五畿内）に展開した領域と、それにともなう秩序のことであった（神田二〇一三）。

では、なぜ天下と表されたかというと、この地には古代以来の伝統的な天皇を中心とした政治集団である朝廷とそれに連なる宗教勢力が存在し、「日本国」の中核拠点（首都）としての京都があったことによる。そして、武家の棟梁《とうりょう》は朝廷とそれに連なる宗教勢力を保護し、*3天下と称される領域の安泰と秩序の正常化を担うことで、「日本国」の中央に君臨する天下人として存在した。

前掲のポルトガル人のキリスト教イエズス会宣教師たちによる報告書では、天下人をヨーロッパの「皇帝のような存在」（一五四八年夏、ニコラオ・ランチロット報告『イエズス会日本書翰集』譯文編之一上）と表し、天下を皇帝が統治する「君主国《くんしゅこく》」（一五八二年十一月五日付*4ルイス・フロイス書翰『十六・七世紀イエズス会日本報告集』第Ⅲ期第6巻所収）として認識した。このように、戦国・織豊時代の「日本国」とは、天下と各地域「国家」が併存した複合体のうえに構成されていた、重層的複合国家だったのである。

＊1　イエズス会宣教師■イエズス会はキリスト教、カトリック教会の男子修道会のことで、一五三四年に創設された。宣教師は、世界各地へ宗教上の教えを広めた。

＊2　ガスパル・コエリョ■元亀三年（一五七二）に来日し、主に九州地方で布教活動を行った宣教師。天正十四年（一五八六）には羽柴秀吉に謁見し、日本での布教の正式な許しを得た。

＊3　天下と称される領域の安泰と秩序の正常化■これを当時の人々は、「天下静謐」と表した。

＊4　ルイス・フロイス■永禄六年（一五六三）に来日し、主に畿内で布教活動を行った宣教師。フロイスの著作『日本史』・『イエズス会日本通信』・『日欧文化比較』などは、戦国大名や当時の社会について記した貴重な史料である。

さて、こうした当時の「日本国」のもとで、本能寺の変前の織田権力は、東では越後《えちご》上杉《うえすぎ》氏と敵対していたものの、その他の大名・国衆とは政治的・軍事的影響力のもとに修好関係を築いていき、「東国御一統《とうごくごいっとう》」といわれる状況を進めていた〔粟野二〇〇一、柴二〇一四②〕。また、西は中国地方では安芸毛利氏、四国では土《と》佐《さ》長宗我部《ちょうそかべ》氏らが敵対・緊張関係にあったが、情勢は織田権力の優位に進んでおり、九州でも豊後大友《ぶんごおおとも》・薩摩島津《さつましまづ》両氏が織田権力の停戦命令に応じ、軍事活動が規制されたうえ、織田権力への忠義が求められる状況に向かっていた。

一般的に、織田権力には、その施政方針として知られる「天下布武《ふぶ》」のもとに各地の大名・国衆を討滅していく「天下統一」像が強いイメージとしてある。だが実際には、織田権力は敵対しない限り、戦国大名や国衆の存在やその領国である地域「国家」の自治を前提にして、織田権力が管轄する天下＝「日本国」の中央のもとに、大名や国衆を政治的・軍事的に統制し従えていく「天下一統」という国内統合を進めていた〔柴二〇一七①〕。

これは、天下人織田家のもとで、地域「国家」の統合圏が「日本国」国内規模に拡大して展開した状況をいい、現在の企業で例えるならば、国内最大手企業グループのもとに各地の企業体の子会社化が進んでいく状況をイメージしてもらうとわかりやすいだろうか。つまり、国内政治権力の織田グループ化という状況が、織田権力の進める天下一統の実態であった。

毛利輝元画像■毛利家の当主で、本能寺の変のときは秀吉の軍勢と対峙していた　東京大学史料編纂所蔵模写

「天下布武」朱印

上杉景勝
春日山
滝川一益
厩橋
柴田勝家
北庄
織田信長
北条氏政・氏直
小田原
明智光秀
亀山
安土
京都
徳川家康
浜松
堺
丹羽長秀
三好(織田)信孝

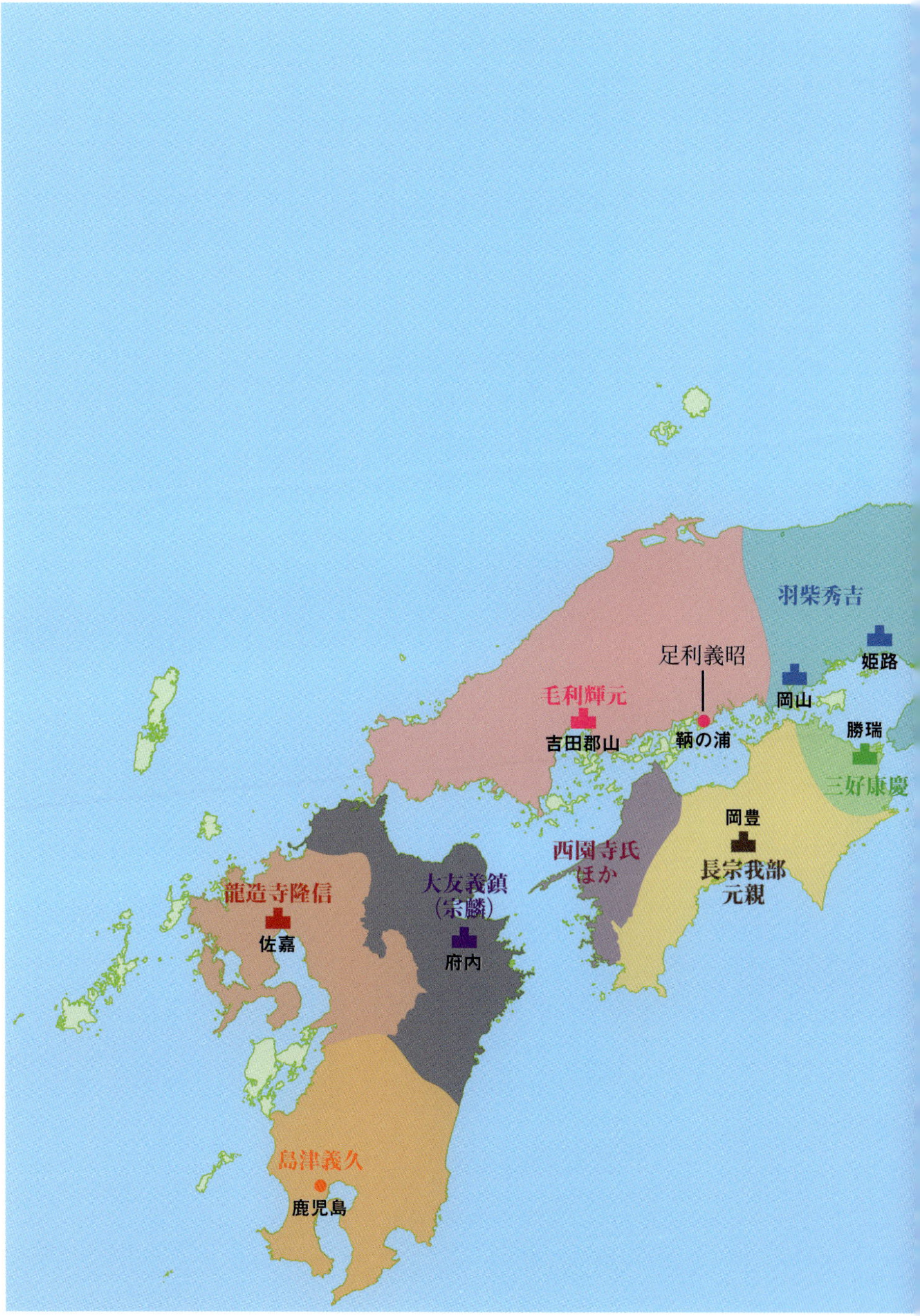

図1　本能寺の変直前の勢力図

本能寺の変は、こうした織田権力が進めてきた「日本国」の天下一統の現況を中断させ、それを機にして押さえつけられていた各地の動向が再び動き始めるという、事態をもたらすことになっていったのである。

■信長の政治構想と信忠の将来■

それでは、天下人の織田信長だけでなく、嫡男の信忠も討たれたことが、ここまでの事態をもたらすことになったのだろうか。そこには、信長が描いていた政治構想（政治権力の将来像）が関係している。そして、信長の政治構想は信忠にも大きく関わっていた。そこで、信忠の立場や事績を追いながら、信長の描いていた政治構想を探ってみよう。

信長には男子が十二人いたと伝わるが、庶長子《しょちょうし》とされる信正《のぶまさ》は経歴が不明なことが多い。また、六男（以下、信正を除いて数える）の信秀以下は、信長在世時はいずれも幼少で、活動がみえだすのは本能寺の変以後のことである。したがって、信長の生存時に活動がみられるのは、信忠・信雄・信孝・信房、そして羽柴秀吉の養子となっていた秀勝《ひでかつ》の五人だけである。このなかで、信忠は信長の嫡男として位置づけられ、信雄以下の子息はいずれも他家の養子になっていた。ここに、信長の子息のなかでも、他の子息と異なる信忠の立場の特質がみられる。その特質をふまえ

系図1　織田氏略系図

信長
- 庶長子 信正
- 嫡男 信忠
- 伊勢北畠家養子 信雄
- 伊勢神戸家養子 信孝
- 東美濃遠山家養子 信房
- 羽柴家養子 秀勝
- 信秀
- 信高
- 信吉
- 信貞
- 信好
- 長次
- 蒲生氏郷室 女子
- 松平信康室 女子（五徳）
- 筒井定次室 女子
- 前田利長室 女子
- 羽柴秀吉側室三之丸 女子
- 丹羽長重室 女子

たうえで、信忠の事績を確認しよう。

信忠は弘治《こうじ》三年（一五五七）生まれで、母は生駒《いこま》氏、幼名は寄妙《きみょう》と称した（「長命寺文書」『丹羽』二二九）。元亀《げんき》四年（一五七三・天正元年）七月に元服して、菅九郎《かんくろう》信重《のぶしげ》を名乗る（「大縣神社文書」『愛11』八九七）。その後、実名《じつみょう》を信忠に改め、天正三年（一五七五）十一月には、東美濃における甲斐武田《かいたけだ》方勢力の要衝・岩村《いわむら》城（岐阜県恵那市）を攻略し、その功績を賞され秋田城介《あきたじょうのすけ》に任じられている（『信長公記』、『公卿補任』）。

織田信忠画像■東京大学史料編纂所蔵模写

そして、同月二十八日には、天下人の立場に専念することになった信長から織田家の家督を譲られ、織田家の本領国（織田家の当主が直接管轄する地域）にあった尾張・美濃両国の支配を任された（『信長公記』）。ここに、信忠は織田家の当主となったのであった。

その後、天正五年十月には、織田勢の総大将として、反旗を翻した大和信貴山《しぎさん》城（奈良県平群町）の松永久秀《まつながひさひで》を攻略し、同月十五日には従三位左近衛《じゅさんみさこのえ》

岩村城跡本丸虎口にある六段の石垣■岐阜県恵那市

女子
水野忠胤室、のち佐治信吉室
女子
中川秀政室
女子
万里小路充房室
女子
徳大寺実久室
苗木遠山氏息女
武田勝頼室
播磨赤松氏息女
二条昭実室

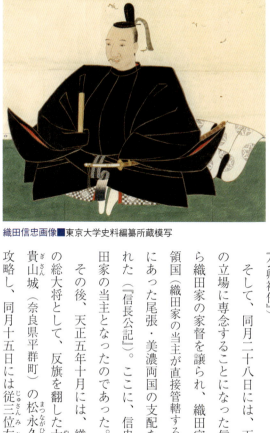

中将《ちゅうじょう》となる（『信長公記』、『公卿補任』）。近衛中将は、室町幕府将軍足利家の初任官職（左馬頭《さまのかみ》）を経て任官する官職としてあり、この任官は、信忠が天下人織田信長の後継者としての立場にあることを、名実ともに示したものであった。また、大和信貴山城の攻略を機に、信長に代わって、畿内周辺の軍事行動では総大将を務めていく（『信長公記』）。

このように、信忠は将来、天下人信長の後継者の立場に据えられ、信長とともに織田権力の中枢にいた存在だった。そのことをはっきりと示すのが、天正六年四月九日の信長の辞官表明である。このとき、信長は正二位《しょうにい》右大臣兼右近衛大将《うだいじんけんうこのえだいしょう》にあったが、天下一統＝国内統合事業の達成に専念していくことを理由に右大臣兼右近衛大将を辞め、代わりに信忠への顕職《けんしょく》（高官）を要求している（『兼見卿記』）。

信長の辞官については、信長が当時の「日本国」の秩序としてあった伝統的官位制度の枠組みに対して、東アジア世界を視野においた政治構想との関連も含め、これまでに多くの議論がなされている。しかし、信長は本能寺の変で死ぬまで正二位の位階にあり続けたうえ、朝廷を保護する天下人としての立場を継続し、活動し続けている。

また、たとえば天正九年三月に朝廷が左大臣に推任しようとした際には、正親町天皇の譲位、誠仁親王の即位のうえで任官に応じると返答しているように（『お湯殿上の日記』）、まったく受けようとしなかったわけではなかった。ただ、即応や積

松永久秀画像■『絵本豊臣勲功記』※

正親町天皇画像■『歴代至寶帖』※

極的な対応を示していないだけである。つまり、信長は朝廷から離れることを考えてはおらず、天下人としての立場を固めた現状に、これ以上の任官を積極的には望んではいないというのが、彼の政治姿勢だったのだ。

信長の政治構想を探るうえで注目したいのが、信長が辞官表明に際して、信忠への顕職を要求しているということである。では、なぜ信忠への顕職を要求したのだろうか。これまでの信忠への対応をふまえると、顕職への就任を通じて、天下人後継者としての信忠の立場をより明示するとともに、信長後裔の織田家嫡流が天下統治を担う武家首長家にあるということを固めようとしていたからではなかろうか。

つまり、信長は天下人後継者としての信忠の立場を整えることで、その後も後裔の嫡流が天下人して君臨し続けるという政治構想を持っていたのだ。これにより、天下人としての織田家嫡流を継ぐのは、信忠の直系のみに限られていく。このようにみてみると、信長にとって重要なのは、自身の官位昇進ではなく、信忠をいかに天下

岐阜城から西を望む■岐阜城は信忠が拠点とした城郭で、近くには長良川が流れている。城下には家臣の館や町屋が建ち並んでいた　画像提供：岐阜市

人の後継者として着飾らせるかということであったことがわかる。ただし、このときに信忠の顕職就任は実現していない。この要求は、後々の実現を望んでの表明だったのであろう。

そうした信長の政治構想が進む一方、天正十年二月、甲州征伐（甲斐武田氏の討伐戦）が始まると、信忠は総大将として出陣し、三月に武田氏を滅亡させた。このときの戦功により、甲斐・信濃両国（山梨・長野両県）には、信忠に従う河尻秀隆《かわじりひでたか》・森長可《ながよし》ら諸将が配置され、信忠の管轄圏は拡大する。そのうえで、同月二十六日には、信長は信忠へ「天下之儀も御与奪《ごよだつ》」＝天下人が務める「日本国」中央の政務を譲渡する意向を示した（『信長公記』）。信長は、天下人の務めを信忠に譲ろうとしたのだ。だが、信忠は天下の政務を任されるには自分はまだ若いとして、辞退してしまった（『当代記』）。そのため、信忠への天下統治の譲渡はならず、信長の政治構想の実現は持ち越されることとなる。

そして、六月二日の本能寺の変で信長・信忠父子が討たれてしまう。織田権力による天下一統は、織田家嫡流を天下人に位置づけ、そのもとに進められた国内統合事業であった。

ところが、本能寺の変で信長・信忠父子が討たれてしまったことにより、信長の進めていた天下人として織田家嫡流が君臨するという政治構想が頓挫してしまった。それは、織田権力のもとに進められていた天下一統＝国内統合の核を失ったこ

武田勝頼生害石　信忠を総大将とする甲斐武田氏の討伐戦で、勝頼は自刃に追い込まれた　山梨県甲州市・景徳院境内

とを意味する。そして、核を失ったことから、統制・従属下にあった地域は再び動き始める。ここに、信長・信忠父子が討たれたという影響の大きさがみられるのである。

山崎の戦いで秀吉と光秀が激突

さて、信長・信忠を討ち、天下人織田家の政庁であった近江安土城を押さえた明智光秀だったが、政変はしっかりとした計画のもとで実施されたわけではなかった。むしろ、信長・信忠父子ら権力中枢の人物が京都に会したという、偶発的な機会を優先して進められてしまったというのが、実情として強い。そのため、政変後の対応として、各地の戦線で活動する織田家諸将への早急な対処が求められ、「天下静謐」（「日本国」の中央の安泰）に務めるべく、畿内近国の平定を進めることになった。

一方、本能寺の変は、当然ながら織田家諸将に衝撃を与えた。とくに、信長の三男織田信孝の軍勢は、天正十年（一五八二）六月三日朝からの四国出兵を目の前に控え、和泉国堺（大阪府堺市）周辺にあった（『貝塚御座所日記』）。そこに、本能寺の変の急報が入るやいなや、信孝の軍勢は各地からの寄せ集めの軍団で編成されていたこともあり、動揺し分散したという（一五八二年十一月五日付イエズス会宣教師ルイス・フロイス報告書、『十六・七世紀イエズス会日本報告集』第三期第六巻所収）。

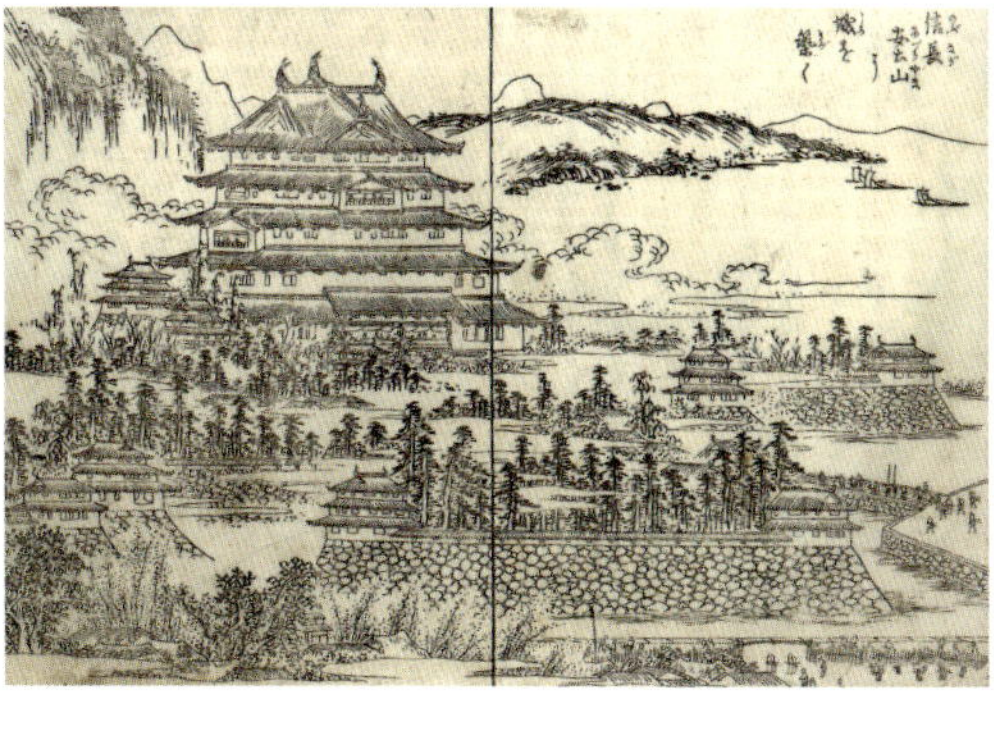

『絵本太閤記』に描かれた安土城■安土城は信長がそれまで拠点にしていた岐阜城よりも京に近く、琵琶湖や北陸街道といった水陸交通の利便性に優れた位置にあった※

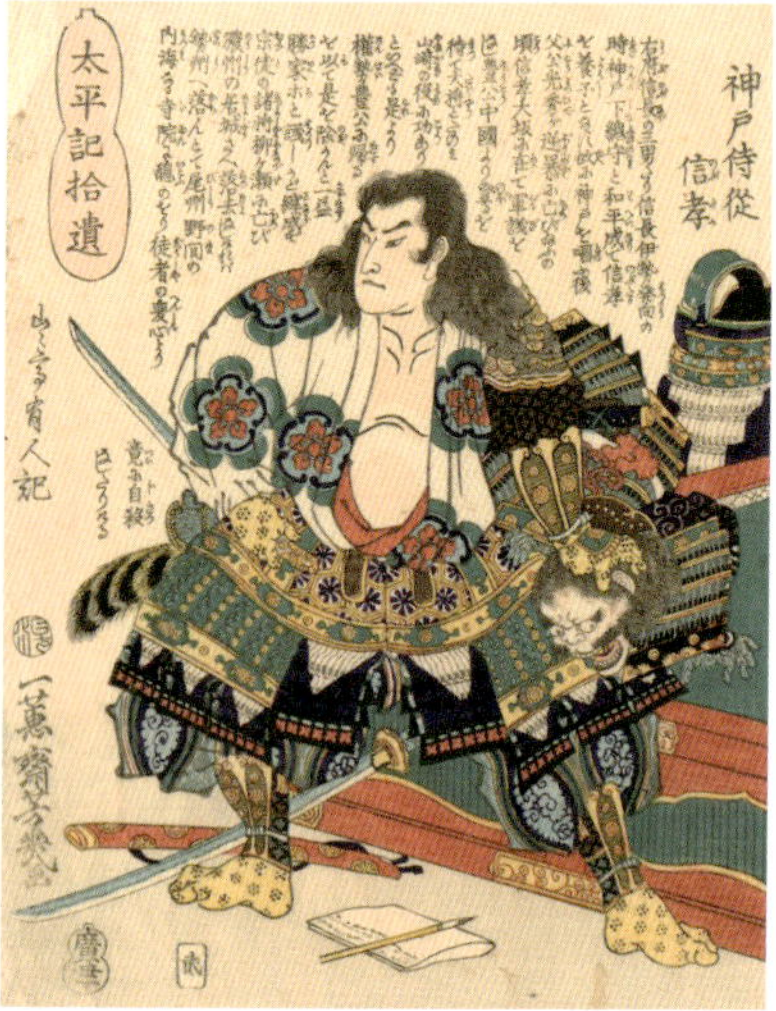

織田（神戸）信孝画像■『太平記拾遺』個人蔵

この事態に、信孝は明智勢と対峙するに至らず、同陣にあった丹＊1羽（惟住）長秀とともに摂津大坂城（大阪市）へ移る。そして六月五日、信孝と長秀は、大坂城に在城していた織田信澄《のぶずみ》を殺害する（『惟任退治記』ほか）。

　信澄は、信長の弟信成《のぶなり》＊2の子で、信孝の従兄弟だったが、妻が明智光秀の娘であった。織田家御一門衆として近江大溝城《おおみぞ》（滋賀県高島市）の城主にあり、このときは四国出兵に備えて大坂城に詰めていた。信孝と長秀は、信澄が舅の光秀に応じるのを恐れ、殺害という事態に至ったのであった。そして、河内国の諸将を味方に付け、明智勢との対決に備えた（前掲イエズス会宣教師ルイス・フロイス報告書）。

　こうしたなか、畿内近国の制圧を進める明智勢に強く抵抗したのが、池田恒興《いけだつねおき》や高山重友《たかやましげとも》（高山右近《うこん》として知られる）、中川清秀《なかがわきよひで》らの摂津《せっつ》国衆であった（この集団を以下、「摂津衆」とする）。池田恒興は、信長とは乳兄弟の関係にある尾張国出身の織田家直臣で、摂津衆を束ねる立場にあった。

　また、高山重友・中川清秀ら摂津国衆は、天正六年十月に摂津国有岡《ありおか》（兵庫県伊丹市）

兵庫城の天守台跡とみられる発掘遺構■明智勢に抵抗し、のちに清須会議にも参加する池田恒興が居城としていた　神戸市兵庫区　画像提供：神戸市教育委員会

＊1　丹羽（惟住）長秀■当時は惟住姓を称していたが、以下、丹羽で統一する。

＊2　信成■初名は信勝、一般には信行の実名で知られる。

の荒木村重《あらきむらしげ》が織田権力に対し謀叛を企てた際に、一時村重とともに行動したが、信長へ帰参を許され、所領を保証された恩恵が深い存在でもあった。こうしたこともあり、池田恒興ら摂津衆は明智勢へ不服従の姿勢を示したのである。

そのため、畿内近国の制圧を急ぐ光秀にとって、摂津・河内両国の反明智勢力の平定が急務となる。一方、この事態に、摂津衆ほか反明智勢力は、各地に出陣中の織田諸将に援護を求める。この働きかけにいち早く援護の対応を示したのが、中国地方で毛利氏と対陣中の羽柴秀吉であった。

秀吉は、織田権力下では近江国長浜《ながはま》領（滋賀県長浜市）のほか、播磨姫《ひめ》路《じ》城（兵庫県姫路市）を居城に、播磨（赤穂《あこう》・佐用《さよう》の両郡は除く）・但馬・因幡（兵庫・鳥取両県）の各国を「筑前守殿御分国」（「佐伯文書」『兵庫県史』史料編中世九、三三六頁）と呼ばれた領国として管轄する譜代大名であった。そのうえ、織田方に従属していた備前《びぜん》・伯耆《ほうき》両国（岡山県）の国衆に対しては、軍事指揮と政治的後見を務める指南《しなん》にあり、その勢力は、織田家中で一位、二位を争う重臣であった〔柴二〇一一〕。

本能寺の変時、秀吉は毛利方勢力との境界に位置した備中高松城（岡山市）を攻囲していた。秀吉のもとに本能寺の変の急報が届いたのは、六月三日の夜であったという（『惟任退治記』）。急報を受け、秀吉は毛利氏と優

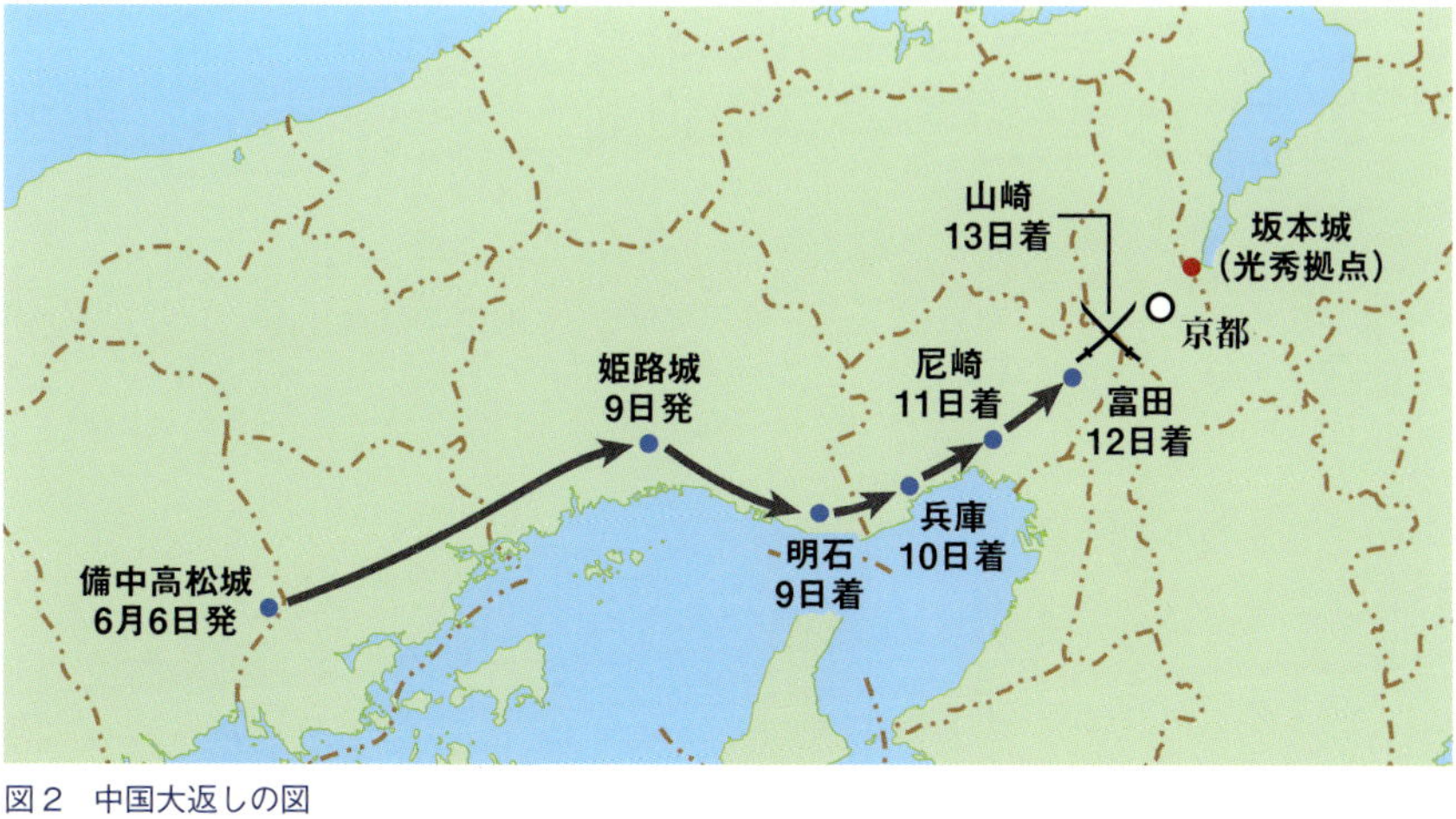

図2　中国大返しの図

『山崎合戦図屏風』に描かれた明智光秀の本陣■秀吉軍による総攻撃の直後の様子を描いているとされる　大阪城天守閣蔵

位的な和睦を結ぶとともに（『水月古鑑』『秀吉』四二二）、反明智勢力の援護のために、のちに「中国大返《ちゅうごくおおがえ》し」といわれる畿内（上方《かみかた》）への進軍を実行した。

こうした反明智勢力の屈強な敵対態度と秀吉の進軍の報せは、光秀の政治・軍事的配下にある与力《よりき》の立場にあった丹後宮《たんごみや》津《づ》城（京都府宮津市）の城主＊細《ほそ》川《かわ》（長岡《ながおか》）藤孝《ふじたか》や大和郡山《やまとこおりやま》城（奈良県大和郡山市）の城主筒井順《つついじゅん》慶《けい》らにも影響し、彼らも光秀に従わない態度を示しだす（「細川家文書」『明智光秀――史料で読む戦国史③』一二一号文書、『多聞院日記』）。このような事態の対応のために、光秀は六月八日

筒井順慶の墓■順慶ははじめ信長に仕え、大和国の支配で活躍した。本能寺の変に際しては、光秀に味方せず、のちに秀吉に仕えた。墓所には堂に覆われた五輪塔があり、銘文から順慶を祀ったものとされる　奈良県大和郡山市

＊細川（長岡）藤孝■当時は長岡姓を称していたが、以下、細川で統一する。

に上洛した後、反明智勢力の討伐へ出陣した（『兼見卿記』）。

一方、反明智勢力のもとへは羽柴秀吉の軍勢のほか、織田信孝・丹羽長秀らの軍勢も加わる。こうして、信孝を主将に結集した織田勢が明智勢との対戦に備えていく。そして、六月十三日に織田・明智の両軍勢は、山城・摂津両国の境目《さかいめ》（境界）に位置した山城国山崎《やまざき》（京都府大山崎町）の地で激突する。

数で勝る織田勢の攻勢に明智勢は敗北し、光秀は山城勝竜寺《しょうりゅうじ》城（京都府長岡市）へ撤兵する。やがて、織田勢に勝竜寺城も攻囲され、光秀は再起のために同城を抜け出し、居城の近江坂本城へ向かった。だが、その途次に山科《やましな》・醍醐《だいご》（京都府山科・伏見区）周辺で村人らの「一揆《いっき》」（武装行為）にあい殺害された（『大阪城天守閣所蔵文書』『秀吉』四四四、『兼見卿記』ほか）。

その後、織田勢は進撃を続け、その攻勢に十五日には坂本城も落城し、明智家は滅亡する（『大阪城天守閣所蔵文書』『秀吉』四四四）。ここに、本能寺の変により生じた中央の混乱は平定されたのであった。

山崎合戦の舞台となった天王山■京都府大山崎町

勝竜寺城跡■細川藤孝が居城とし、のちに藤孝が丹後に移ると、信長の家臣が入った。本能寺の変後、光秀が陣取るも、その後廃城となってしまった　京都府長岡京市

第二章

主導権を争った清須会議

■信長の孫・三法師のもとへ参集■

山崎の戦いに勝利し、明智家を滅亡させた織田信孝を主将とする織田勢は、さらに近江・美濃両国の明智勢力を平定したうえ、尾張清須城へ向かった。清須城は、戦国時代の尾張守護代家・織田大和守の居城で、天文《てんぶん》二十三年（一五五四）四月に織田信長が大和守家を滅ぼし、同城に入った（『信長公記』首巻）。その後、信長は美濃攻略のためもあって、永禄六年（一五六三）二月に尾張小牧《こまき》城（愛知県小牧市）へ移ったが、その後も清須城は、織田権力が尾張国を支配するための要城としての役割を果たし続けていた。

それでは、織田勢はなぜこのときに清須城へ向かったのだろうか。それは、この後になぜ、織田権力の行く末を決める清須会議が開催されたのかにも深く関わる。そこで、このときの清須城の情況を探ると、そこにある人物がいたことが注目される。その人物とは、信長の孫にあたる三法師、のちの織田秀信《ひでのぶ》である。

三法師は、天正八年（一五八〇）に信忠の嫡男として生まれ、このときはまだ三

清須（洲）城模擬天主■旧清洲町の町政百周年を記念して町のシンボルとして建設された　愛知県清須市

歳にすぎなかった。しかし、信長が生前に嫡男の信忠に織田家当主を継がせ、さらには天下人の後継者とすることで描いていた、織田家嫡流が天下人として君臨するという政治構想の影響が、織田家にはまだしっかりと残っていた。そして、信長・信忠が亡きいまとなっては、嫡流の三法師のみが天下人織田家の正統な家督継承者になりえるという状況にあった。

一般的には、清須会議で織田家の当主を決めるにあたり、羽柴秀吉が今後の権勢を強めていくために、三法師を擁立したと理解されている。しかし、実はその話は、江戸時代初期に秀吉史観のもとで作成された『川角《かわすみ》太閤記《たいこうき》』からみえだすもので、事実とは異なる。実際の三法師は、本能寺の変後、幼少ながらも、すでに天下人の織田家家督

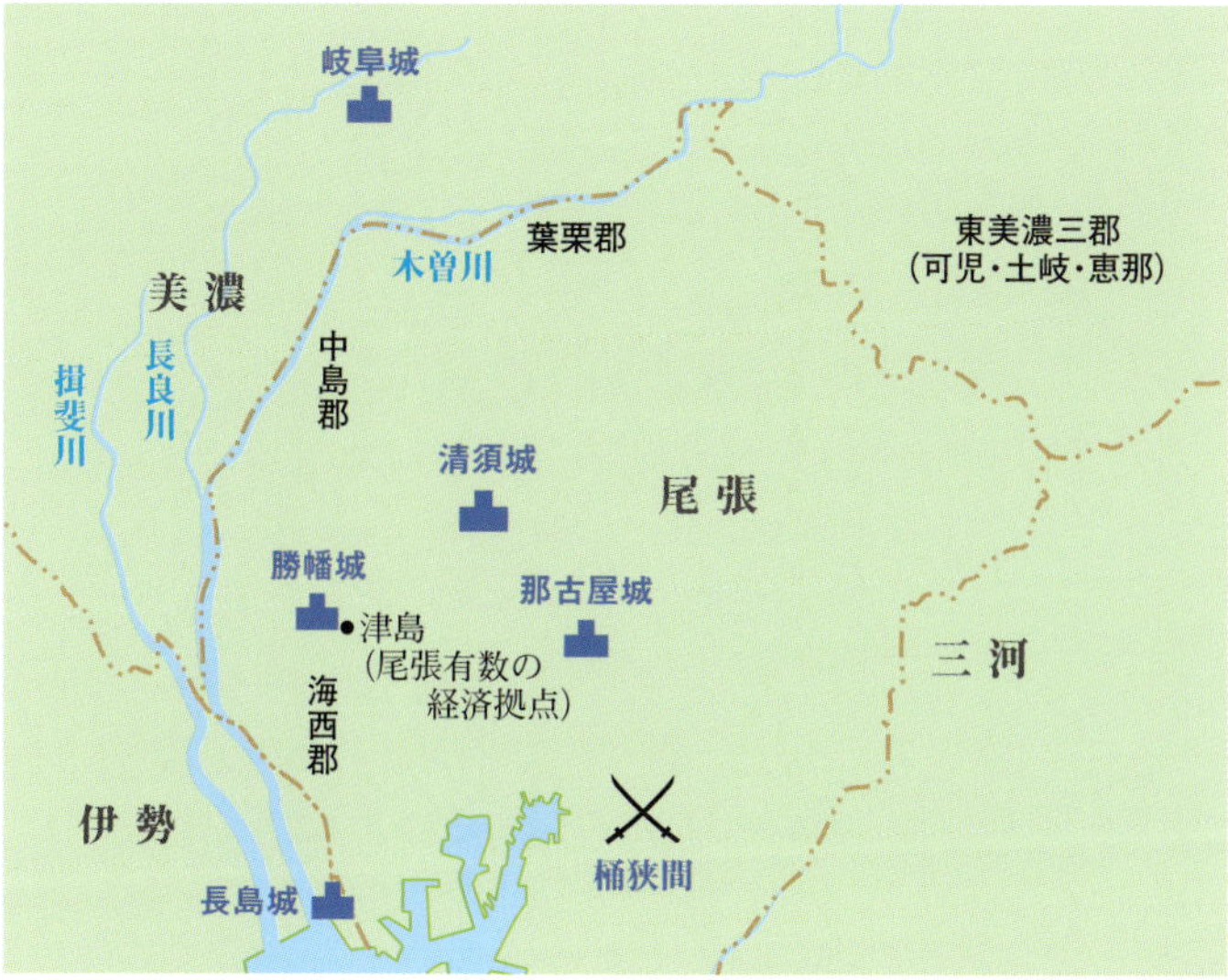

図３　尾張国主要拠点の位置図

「木下藤吉清州の城割普請」の図■当時の清須城について詳しいことはわかっていないが、織田氏の尾張国支配の重要な拠点であった『太閤記画譜』※

『新撰太閤記』に描かれた三法師■個人蔵

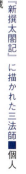

を継ぐべき「若君様《わかぎみさま》」だったのである（『譜牒余録』『愛11』一五一九）。

三法師は、本能寺の変時は信忠の居城であった美濃岐阜《ぎふ》城（岐阜市）にいたが、美濃国内で明智方勢力が蜂起したことを受けて、難を避けるため清須城にいた。そのため、明智勢力を打ち破った織田勢が、織田家の家督継承者である三法師のもとに参集すべく、清須城に向かったのであった。

また、信長の二男北畠信雄と北陸で越後上杉氏と交戦中だった柴田勝家も、清須城に入った。こうして、信長子息と織田家の主要な重臣が揃い、清須会議開催の幕が開くのである。

■ぶつかりあうそれぞれの思惑■

天正十年（一五八二）六月二十七日、尾張清須城で、今後の天下人織田家の中枢運営と所領配分を決めるための「談合」（清須会議）がおこなわれた。「談合」の場に、重臣の柴田勝家・羽柴秀吉・丹羽長秀・池田恒興が会していたことは、談合の結果を語る秀吉の書状（手紙）から確認できる（「金井文書」『秀吉』五一二）。

このうち柴田勝家は、織田権力下では越前北庄城《えちぜんきたのしょう》（福井市）を居城に、越前国（福井県東部）の大部分と加賀国《かが》（石川県南部）を領国として管轄し、佐々成政《さっさなりまさ》・前《まえ》田利家《だとしいえ》ら北陸諸将を与力として率い、越後上杉氏と対陣していた。勝家が本能寺の

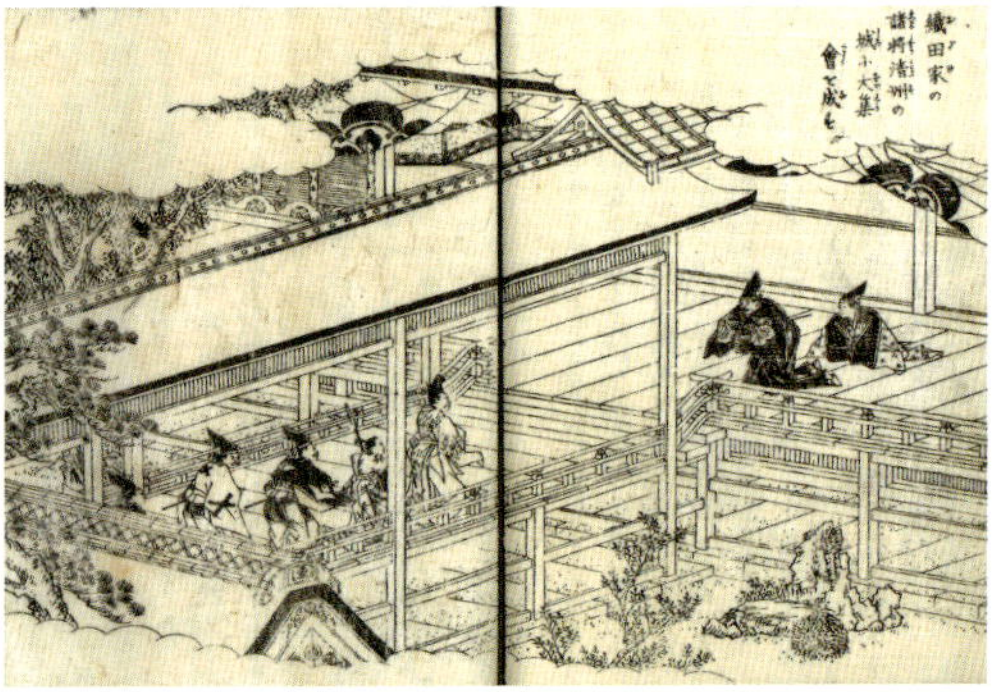

『絵本豊臣勲功記』に描かれた清須会議■※

（左ページ）『山崎合戦図屏風』に描かれた池田恒興隊■馬上で勇ましく進軍を指示する恒興の姿がみえる。池田隊は円明寺川を渡り、光秀軍の側面を攻撃した　大阪城天守閣蔵

変を知ったのは、越中魚津《えっちゅううおづ》城（富山県魚津市）を攻落させた直後の六月六日のことだった。この報を受けて勝家は、上杉氏への勢力圏防衛を固め、九日に越前北庄城に戻って明智勢の追討に備えていた（「一般財団法人太陽コレクション所蔵資料」『丹羽』一〇九・一一〇）。しかし、明智勢の追討は勝家の予想を超えて早く済んでしまったので、挽回も含めて「談合」の場に臨む状況にあった。

一方、羽柴秀吉・丹羽長秀・池田恒興の三人は、いずれも明智勢討滅の実績をもつ。とくに秀吉は、毛利氏との対陣を片づけていち早く駆けつけ、織田勢を勝利に導いた功績がある。したがって、その功績にともなう発言力は大きいものとなったことは間違いない。こうした背景のもと、彼らは今後の織田家中枢の政務運営を担

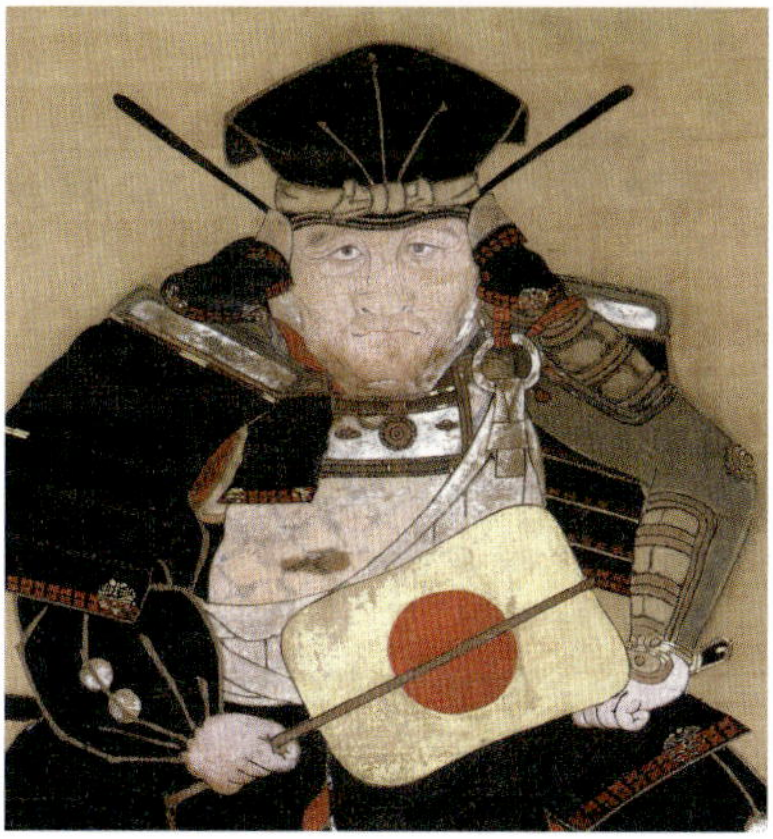

上：丹羽長秀画像■東京大学史料編纂所蔵模写
下：池田恒興画像■鳥取県立博物館蔵

う「宿老《しゅくろう》」として、「談合」の場に会したのであった。

なお、同時代の古文書《こもんじょ》・古記録からは、このほかに「談合」の場にいた人物は確認できない。ただし、寛文《かんぶん》四年（一六六四）三月七日の奥書《おくがき》をもつ、肥後国熊本藩士の牧丞《まきじょう》大夫《だゆう》が細川[*1]（長岡）忠興《ただおき》の軍功をまとめて著した『細川忠興軍功記』[*2]には、北畠信雄・織田信孝兄弟もその場にいたように記している。だが、前述の秀吉書状によると、協議後に決定事項を信雄・信孝兄弟に報告し了承を得ていることから、その場にはいなかったのではないか。

さて、「はじめに」でもふれたように、一般に清須会議は、天下人織田家の家督の座を信雄・信孝兄弟が争い、信孝を推す柴田勝家に対し、山崎の戦いでの戦功を背景に権勢を強めた羽柴秀吉が、幼少の三法師を丹羽長秀・池田恒興の同意のもとに強引に家督に据え、天下人に飛躍していく過程の機会として知られている。だが、三法師のこととの関わりでも述べたが、清須会議の一般像は、『川角太閤記』からみられはじめるもので、後年に秀吉が織田家に代わり天下人となることを、必然視して描かれてきた像なのである。

したがって、清須会議の実像を探るためには、まずは同時代の古文書・記録（同時代史料）から迫ってみる作業が必要だ。ところが、清須会議の内実を直接記した同時代史料は数少ない。具体的にあげると、

①天正十年に年代が比定される十月十八日付け斎藤玄蕃允《さいとうげんばのじょう》・岡本良勝《おかもとよしかつ》宛て羽柴

細川忠興画像■『英名百雄伝』※

＊1　細川（長岡）忠興■細川藤孝の嫡男。この時期は長岡忠興と称していたが、以下、細川で統一する。

＊2　『細川忠興軍功記』■『続群書類従』第二十輯下合戦部に所収。

秀吉書状写（「金井文書」『秀吉』五一二）
②『多聞院《たもんいん》日記』天正十年七月五日・七日条
③『惟任退治記』

のみである。①は、ここまでの記述にも用いているが、秀吉が清須会議後に織田信孝との間で対立した際に、信孝に自身の行いの正しさを主張すべく、信孝家臣の斎藤玄蕃允・岡本良勝に宛てた書状である。この記述のなかに、清須会議に関わる協議内容がみられる。また、②は大和興福寺《こうふくじ》（奈良市）の塔頭《たっちゅう》多聞院代々の僧侶たちによる日記で、同時期の部分は長実房英俊《ちょうじつぼうえいしゅん》が記している。この日記のなかに、伝聞情報として、清須会議の結果による天下人織田家の運営と所領配分についての記事がみられる。③は、天正十年十月の作成年代の記載がある、羽柴秀吉の御伽《おとぎ》衆[*3]にあった大村由己《おおむらゆうこ》が著した秀吉伝記の『天正記』の一篇で、本能寺の変から信長の葬儀までの動向が記されている。ここにも、清須会議により取り決められた、天下人織田家の運営と所領配分の記述がある。

＊3　御伽衆■日夜そばに侍して話し相手をする人物。御咄衆ともいう。戦歴が豊富な者、芸能に秀でた者、博学多識な者、他国の事情に詳しい者などが選ばれた。秀吉の場合は、かつて敵対していた武将なども召し抱えていた。

上：清須城下町遺跡の遺構■発掘調査で金属加工を行う際に排出される産業廃棄物が出土しており、金属加工を中心とした職人がいたことがわかっている
下：清須城下町遺跡の土師器皿■饗宴や武家儀礼で使われる土師器皿が未使用かつ形が完成品に近いかたちで出土していることが特徴である
ともに愛知県清須市　画像提供：公益財団法人愛知県教育・スポーツ振興財団愛知県埋蔵文化財センター

これらの同時代史料からわかることに、清須会議までに議論にあがっていたのが、三法師の「名代《みょうだい》」を北畠信雄と織田信孝兄弟のどちらが務めるかであった。前述のように、信長生前からの天下人織田家の家督は信忠系統の嫡流が占有するとの政治構想により、三法師は天下人織田家の正統な家督継承者にあった。このため、織田家御一門衆（織田氏一門）でありながら、他家の養子となっていた信雄・信孝兄弟は、家督継承者にはなりえなかった。

しかし、三法師は数え年で三歳という幼少にある。当然ながら、政治的判断を下すことはもちろん、政治運営に携わることも難しい。しかも、政治状況としては、一刻も早く天下人織田家による天下＝「日本国」の中央統治の再動、本能寺の変後の地域動向に対する沈静化が求められている。こうした天下人織田家の置かれている事態をふまえ、信雄・信孝兄弟はどちらが三法師の名代となるか、その地位をめぐって争ったのである。

名代とは、＊1『日葡辞書《にっぽじしょ》』によると、次のように記されている。

名代（Miodai）：他人の代わりに立っている人、または代理の地位にある人。

つまり、本来その立場にあるべき人物の代行者のことである。名代は、同時期の史料では「陣代《じんだい》」ともみえ、家督など、その立場を本来継ぐべき立場の人物が幼少という家の存立緊急時に、一門・親類が本来の立場継承者が成人になるまでの間、代行者として活動した。立場が本来の継承者に返還される成人年齢は、十六〜二十

武田信玄画像■長谷川等叔筆　個人蔵

＊1　『日葡辞書』■一六〇三年から翌年にかけて、キリスト教イエズス会が肥前国長崎（長崎市）で刊行した、当時の日本語をポルトガル語で解説した書物。刊本は土井忠生ほか『邦訳日葡辞書』（岩波書店、一九八〇年）による。

歳である。

よく知られていることに、元亀《げんき》四年（一五七三）四月に甲斐武田信玄が死去した際、遺言として、当時まだ七歳の孫*2信勝《のぶかつ》を家督とし、その父勝頼《かつより》を信勝が成人となるまでの陣代（名代）＝暫定的な家督（代行の当主）にしたとされる（*2『甲陽軍鑑《こうようぐんかん》』）。もっとも、勝頼陣代説は、実際の勝頼が信玄死後の家督＝当主という立場だったことや活動をみると、事実ではない〔丸島 二〇一七〕。ただ、こうした話が創られるように、家の存立緊急時に名代が立てられることは、当時の社会ではよくあることだった。

したがって、事実としては、三法師が正統な織田家の家督継承者にあり、信雄・信孝兄弟は三法師が幼少であるための暫定的な家督である名代として、織田権力を主導していくしかなかったのである。

■こだわりつづけた信雄と信孝■

それでは、北畠信雄と織田信孝の兄弟は、なぜ名代の地位にこだわり、争ったのだろうか。そこには、ここにいたる信雄・信孝兄弟の立場や業績が大きく関わっている。そこで、信雄・信孝兄弟の経歴をみていこう。

北畠信雄は、永禄元年（一五五八）に信長の次男として生まれた。母は兄信忠と同じく生駒氏で、幼名は茶筅《ちゃせん》。永禄十二年八月、信長は伊勢国（三重県中央部）へ

＊2　武田信勝■『甲陽軍艦』によれば、永禄十年（一五六七）十一月一日、高遠城（長野県伊那市）で生まれたという。天正十年二月、織田氏の甲斐武田氏討伐戦に敗れ、父とともに自刃した。

＊3　甲陽軍艦■甲州流の兵学書で、武田信玄・勝頼の合戦記事を中心に、業績・軍法・心構えなどを記している。

※北畠具房画像■伊勢北畠氏の当主で、織田信雄を養子とした『絵本豊臣勲功記』

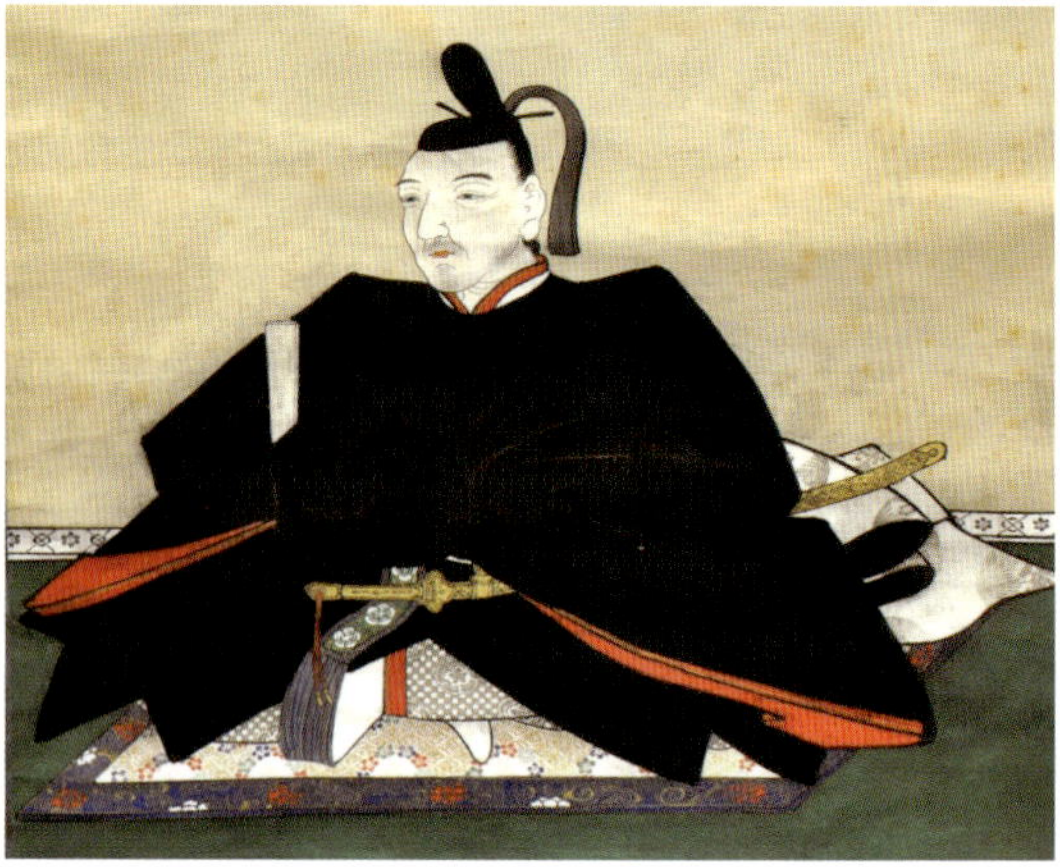

織田信雄画像■丹波市教育委員会蔵

出陣し、北畠氏の居城であった大河内《おかわち》城（三重県松阪市）を攻囲した。しかし、北畠氏の抵抗に苦戦し、十月に十二歳の茶筅を当主具房《ともふさ》の養嗣子にすることを決め、和睦した（『信長公記』）。伊勢北畠家は、南北朝時代には南朝方として活躍し、室町時代には南伊勢を支配する国司家で、戦国時代にも南伊勢の有力国衆であった。北畠家の養嗣子になった茶筅は、元亀二年（一五七一）夏頃に具房の娘と婚姻し（『勢州軍記』）、天正元年（一五七三）九月までには元服し、通称（仮名）三《さん》介《すけ》、実名「具豊《ともとよ》」を名乗る（「大湊古文書」『三重県史』資料編中世2、五六五頁）。

そして、具豊は天正三年六月二十三日に北畠家の家督を継承し（『多聞院日記』）、居城を伊勢田丸《たまる》城（三重県玉城町）へ移す（『勢州軍記』）。さらに、同年中には正五位下左近衛中将となり（『歴名土代』）、実名を織田家御一門衆としての姿勢を示した「信意《のぶおき》」に改め、織田権力との関係強化をもとに、北畠領国の支配を進めていく。

だが、信意を中心とした政治運営に、具房の父具教《とものり》らが反発をみせ、対立した結

田丸城跡北の丸の空堀跡■田丸城に入った信雄は、本丸・二の丸・北の丸を設けて、本丸には三層の天守閣を建てるなど大改造を行った　三重県玉城町

果、天正四年十月頃に具教や具房、重臣らを粛正した。また、十二月には入嗣以来、補佐役を務めてきた津田《つだ》一安《かずやす》と対立して殺害し、北畠家内部の主導権強化を図った（『勢州軍記』）。そして、天正六〜七年頃には実名を「信直《のぶなお》」に改め（「真田宝物館所蔵文書」『三重県史』資料編中世3上、五九九頁）、伊勢松ヶ島《まつがしま》城（三重県松阪市）を築き移る。

さらに、伊勢から逃れた反信直方に与同した勢力を討滅するため、信長から命じられた摂津有岡城（兵庫県伊丹市）の攻略戦には参加せず、天正七年九月に伊賀国（三重県西部）への出兵を優先するが敗北し、信長に強く咎められた（『信長公記』）。このことがきっかけになったのだろうか、翌年二月二十三日までに実名を「信勝《のぶかつ》」に改め（「福島文書」『三重県史』資料編中世2、六三八頁）、その後、字を改めて「信雄」を名乗る。

天正九年二月、京都の正親町《おおぎまち》天皇のまえでおこなわれた馬揃《うまぞろえ》に、信雄は織田家当主で天下人信長の後継者にあった兄の信忠に次ぐ御一門衆として参列し（『信長公記』）、九月にはいまだ従わない伊賀国を攻略して、信長から同国阿拝《あはい》・阿我《あが》・名《な》張《ばり》の三郡（三重県名張市・伊賀市など）を与えられた（『信長公記』）。

だが本能寺の変時、伊勢国に在国していた信雄は伊賀の情勢不安定もあり出遅れ、明智勢への対応は、近江日野《ひの》城（滋賀県日野町）の救援と安土城の奪還のみとなってしまった（『勢州軍記』）。このため、信雄は兄の信忠とは同母であったことから、

系図2　織田氏・北畠氏・神戸氏略系図

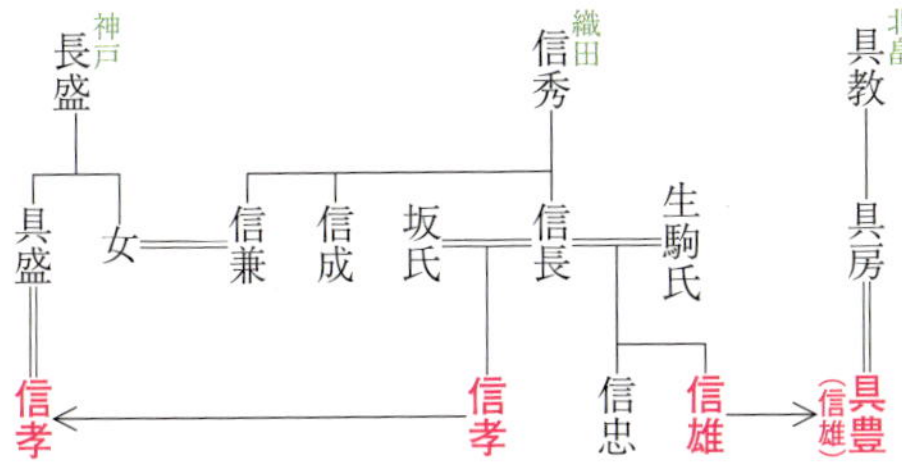

図４　伊勢・伊賀拠点位置図

三法師の直接の叔父にあたるという血縁を活かして、これまでの信忠に次ぐ御一門衆としての政治的立場を死守すべく、名代の立場を望んで清須会議に期していた。

　一方の信孝は、信長の三男として信雄と同じ永禄元年に生まれた。母は、信忠・信雄とは異なり坂《さか》氏である。そのため一説には、信雄より先に生まれたが、生駒氏とは異なる母親の立場から、三男に位置づけられたともされる（『勢州軍記』）。幼名は不明で、通称（仮名）は三七郎《さんしちろう》を名乗る。永禄十一年二月に信長が北伊勢国衆の神戸《かんべ》氏を従わせた際に、十一歳で当主具盛《とももり》の養子になった。

　元亀二年（一五七一）正月、織田氏との関係を蔑ろにする養父の具盛が信長により隠居させられ、信孝は神戸家の当主になった（『勢州軍記』）。天正二年七月の伊

神戸城跡の野面積み石垣■信孝の居城で、現在は公園として整備されている。信孝の時代には、五層の天守がそびえていたという　三重県鈴鹿市　画像提供：鈴鹿市教育委員会

勢長島一向一揆《いっこういっき》への攻撃をかわきりに、その後、各地を転戦する。また、天正三年五月頃から、信孝は織田名字を称し始める（「高野文書」『三重県史』資料編近世1、二〇〇頁）。信孝は、天正五年十一月一日に従五位下侍従《じじゅう》となるが、その際も「織田平信孝」（『歴名土代』）、そして『信長公記』でも、天正七年より「織田三七郎信孝」としてみえることから、信孝の織田復姓は信長生前からなされ、広く認識されていたことがわかる。このように、信孝は織田家御一門衆としての立場を強めていくが、御一門衆の序列は、兄の信忠、信雄、叔父の信兼《のぶかね》に次ぐ四番目であった（『信長公記』）。

こうした織田家一門衆内での立場の改善を試みてであろうか。天正九年になると、阿波三好《あわみよし》氏が織田権力へ従属したことから、阿波国（徳島県）の北郡地域が織田権力の勢力圏に組み込まれ、土佐国（高知県）と阿波国の南郡地域を勢力圏としていた長宗我部《ちょうそかべ》領国と接する事態になったことに起因して、織田・長宗我部両氏間の外交関係は断交・対立へと転換する。この事態に、信孝は自らが四国討伐にあたることを望んだ（「神宮文庫所蔵文書」『三重県史』資料編中世1（下）、一四七頁）。その結果、信孝は三好康慶《やすよし》（康長《やすなが》）の養子になり、天正十年五月には、四国討伐軍の総大将の立場を認められた（「寺尾菊子氏所蔵文書」『増訂織田信長文書の研究』、一〇五二号文書）。

そして、四国出兵が目前になり、和泉国堺に滞在中の六月二日に本能寺の変に遭う。その後、摂津大坂《おおさか》城（大阪市中央区）へ入り、従兄弟で明智光秀の娘婿にあっ

阿波三好氏歴代の墓■阿波三好氏の菩提寺である見性寺にあり、本拠とした勝瑞城館跡内に位置する　徳島県藍住町・見性寺境内

堀秀政画像■『太平記英雄伝』 個人蔵

た織田信澄を殺害のうえ、丹羽長秀の軍勢とともに羽柴秀吉の軍勢に合流し、織田勢の主将として山崎の戦いで明智勢を打ち破る。そのうえで、信孝は信長の子息として弔い合戦に勝利し、明智勢を討滅させた功績を背景に、信長死後の織田権力を主導するため、名代の地位獲得を目指したのだった。

こうして、三法師との直接的な血縁から立場の死守を目指す信雄と、信長の子息として仇敵の明智家を討滅させた功績を楯に立場の上昇を求める信孝とが、名代の地位をめぐってぶつかり合うことになる。このように、信雄・信孝兄弟の名代をめぐる争いには、織田家御一門衆としての彼らの立場や活動をめぐる、互いの譲り合うことのできない葛藤が強く関わっていたのである。

■織田家の行く末が決定する■

『山崎合戦図屏風』に描かれた織田信孝と丹羽長秀■総攻撃に加わる様子が描かれている。両者の軍勢は光秀軍の右翼に攻撃を仕掛けた 大阪城天守閣蔵

信雄・信孝による名代をめぐる争いは、正当な家督継承者の三法師にも関わることでもあった。すなわち、生駒氏を通じて直接的な血縁にある信雄を名代とすれば、信長が生前より築いてきた嫡流の貴種性《きしゅせい》が維持される。だが、三法師にとって祖父・父の仇を討った信孝の功績を蔑ろにすることは、彼のもとで活躍した織田家家臣ら

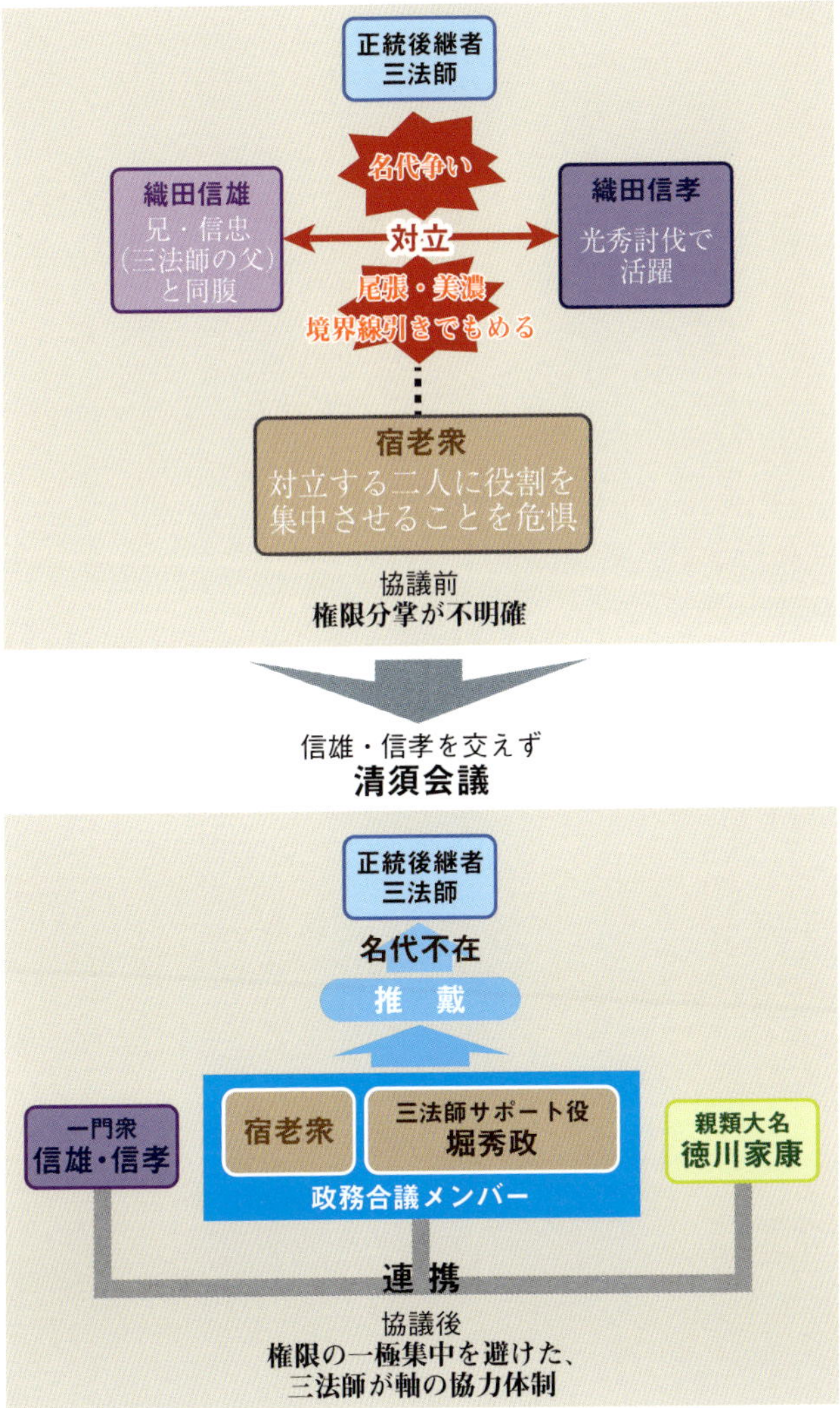

図５　清須会議前後の関係図

の不満を生じさせ、分裂させることにもなりかねない。

一方、功績ある信孝を名代とすれば、今度は御一門衆の序列が改められ、直接の血縁をもつ信雄を信孝の下位とすることにより、三法師の貴種性にも影響がおよぶ恐れがでてしまう。つまり、信雄・信孝のいずれを名代とすることは、彼らだけの問題ではなく、今後の織田家のゆくすえにも関わることであったのだ。

そこで、柴田勝家・羽柴秀吉・丹羽長秀・池田恒興の宿老ら（宿老衆）は協議し、三法師に家督継承をさせたうえ、信雄・信孝のいずれかを名代とすることにはしないこととした。そして、幼少の当主三法師を支えながら、柴田勝家・羽柴秀吉・丹羽長秀・池田恒興の宿老衆と傅役《もりやく》の堀秀政《ほりひでまさ》の五人が合議により、天下統治の運営を進めることを決定した（『多聞院日記』ほか）。

これにより、三法師の貴種性を維持し、織田権力を分裂させる事態を回避させたうえ、特定の人物の恣意や専横を排除した中枢運営を定めたのだった。しかし、信長の子息が中枢政務から外れたことは衝撃なことでもあり、『多聞院日記』の筆者長実房英俊は、〝嘆かわしいことだ（「浅猿《あさまし》」）〟との感想を漏らしている。

また、織田領国内における信長・信忠父子の死去や明智勢力の討滅により、領有者が不在となった所領の配分も、宿老衆による協議で決められた。その結果、各将が次のように新たに所領を得ることになった（『多聞院日記』ほか）。

北畠信雄……尾張国

『山崎合戦図屏風』に描かれた秀吉の本隊
明智光秀を倒したことは、秀吉の台頭に大きな影響を持った　大阪城天守閣蔵

織田信孝……美濃国
柴田勝家……近江国長浜領
堀秀政………近江国中郡
丹羽長秀……近江国高島郡・志賀郡
池田恒興……摂津国大坂周辺
羽柴秀吉……山城国・丹波国・河内国東部

一見してわかるように、所領配分の結果、織田権力内での勢力を一層伸張させたのは羽柴秀吉だった。とくに山城国を得たことで、天下＝「日本国」中央の拠点である京都の統治にも常時関わりをもつことができ、一層の権勢拡大につながる。

したがって、清須会議の結果の情報を得た長実房英俊が、この所領配分を〝秀吉の思うがままの結果だ（ハシハ《羽柴》カマ、ノ様也）〟と日記に記しているように、秀吉に優位な立場をもたらしたことは間違いない。背景には、秀吉が毛利氏との対陣を早々に片づけ、織田勢を勝利に導いた功績により、清須会議で大きな発言力を得ていたことがうかがえる。

図６　清須会議後の領有関係　滝川・細川・筒井は清須会議に関わらなかったが、重要拠点をおさえる

徳川家康画像■埼玉県行田市・忍東照宮蔵　画像提供：行田市郷土博物館

ところで、柴田勝家は秀吉の旧領だった近江国長浜領を得たに止まっているが、長浜領の獲得により、越前国を中心とした勝家の領国と、織田領国の中央拠点だった近江国安土に通じた結節地域を押さえている。これは、若狭《わかさ》国（福井県西部）を領国としていた丹羽長秀についても、近江国高島郡・志賀郡（滋賀県高島市・大津市）という西部（湖西）地域を得たことは同様である。堀秀政が得た近江国中郡は、安土のある地域で、三法師の傅役としての立場に基づいた所領配分である。池田恒興は、信長生前から摂津国内で所領をもっていたので、天下＝「日本国」の中央領域として認識されていた五畿内の要衝に位置した大坂を得たのだろう。

そして、御一門衆の信雄・信孝兄弟は、その立場に応じ、すでに北畠家の当主として影響力をもつ伊勢国に加え、尾張国を信雄が、織田本領国の居城がある岐阜城が属す美濃国を信孝が分け合うことになった。

したがって、この所領配分は、これまで各々が領有していた所領との関係や立場

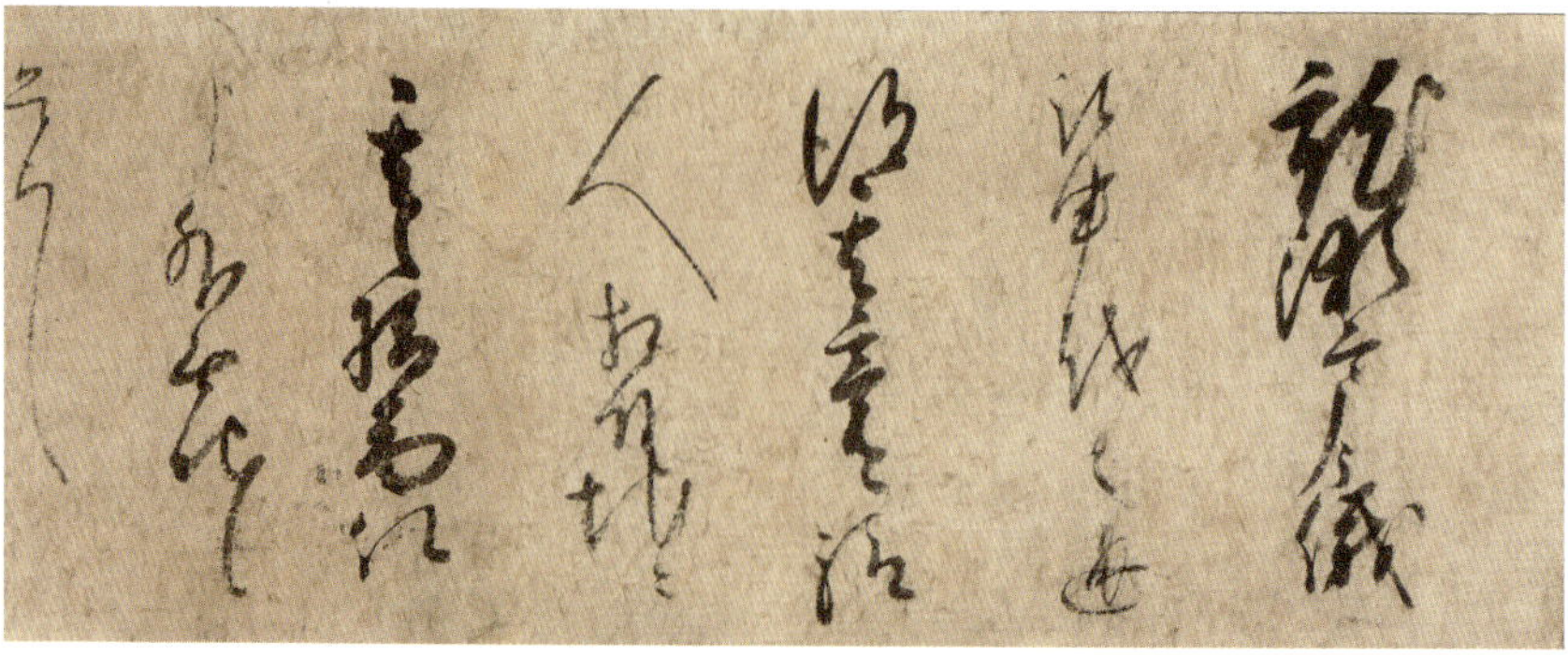

も加味して決められていることを見落としてはいけない。

　さて、宿老衆はこうした今後の天下人織田家の中枢運営と所領配分を決めたうえで、信雄・信孝にその旨の了承を求め、その証として誓紙《せいし》（「血判《けっぱん》」ともみられることから、起請文《きしょうもん》であろう）を得た。そのうえで宿老衆も、この協議の取り決めに従うという誓約書を交わした（「金井文書」『秀吉』五一二）。なお、このほか徳川家康《とくがわいえやす》からも誓紙を得ている。

　家康からも誓紙を得たのは、このときの徳川家の立場による。一般的に織田信長と家康との関係は、締結以来ずっと維持され続けた希有な同盟関係と考えられている。しかし、その関係はまったく変化がなかったわけではない。敵対する甲斐武田氏との長年にわたる戦争のなかで、政治的・軍事的保護を得る上位権力として、徳川氏は織田権力への従属を深化させていたのが実情で、家康は信長に従う臣下だったのだ。

　典型的な事柄が、天正十年三月の武田氏滅亡後におこなわれた、信長による旧武田領国の所領配分である。そこでは、甲斐・信濃・上野《こうずけ》（群馬県）の三ヵ国に配置された織田家臣の滝川一益《たきがわかずます》や河尻秀隆、森長可らと同様に、徳川氏は信長から駿河《するが》国（静岡県）を与えられており、そこに臣下大名としての立場がみられる。

　また、信長と家康の間で交わされた書状の＊書札礼《しょさつれい》にも、その立場はあらわれている。織田権力への従属が深化していくと、家康はやがて、信長を直接の宛先として

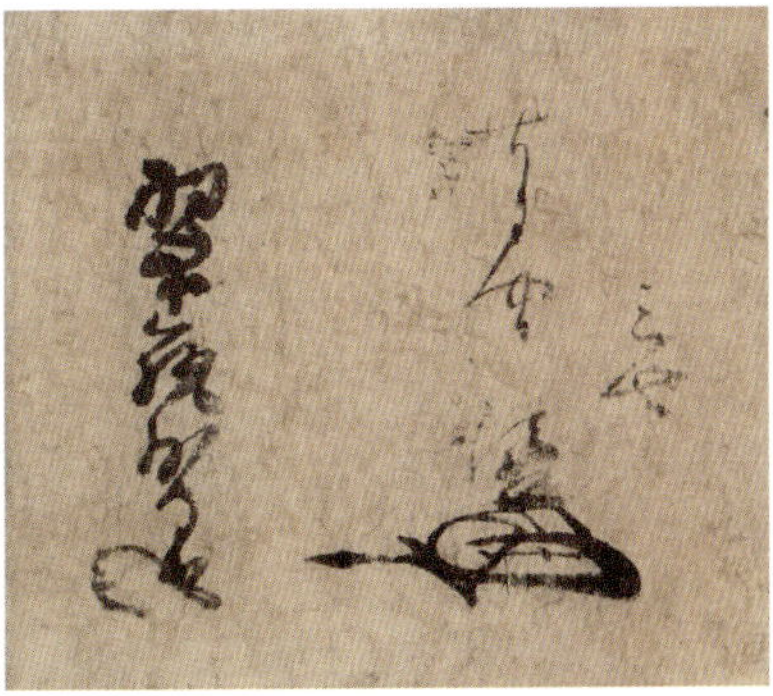
（天正十年）七月四日付けで羽柴秀吉に宛てた織田信孝書状■清須会議の直後に出された手紙。信孝は家臣の知行地について秀吉の指図の通りにすると述べ、応じている　大阪城天守閣蔵

＊書札礼■手紙の作法。差出者と宛て所の書き方などの書式、文字の崩し方、手紙の折り方などで身分の上下関係を示した。

書状を出すことができなくなる。そして、担当取次《とりつぎ》（担当交渉者）の近臣西尾吉次《にしおよしつぐ》を通じて、信長に意向を尋ね、伝達してもらう立場にあった（「古典籍展観会出陳文書」『新訂徳川家康文書の研究』、八五六頁）。

一方、信長から家康宛ての書札礼は、従属度合いが深化するにつれ、書止文言《かきとめもんごん》が「恐々謹言《きょうきょうきんげん》」から「謹言」へという、下位の者に宛てるものに変わっていく。ただし、その書札礼は、織田権力内では嫡男の信忠ら御一門衆と同等である。これは、徳川家が信長の娘五徳《ごとく》（岡崎殿）と婚姻関係を結び、織田親類大名の立場にあったからである〔平野 二〇〇六〕。

本能寺の変時、家康は和泉国堺にいたが、変の急報を得ると、急ぎ甲賀《こうか》・伊賀《いが》・伊勢《いせ》路を経て帰国し、信長の弔い合戦として尾張国鳴海《なるみ》（名古屋市緑区）へ出陣していた（「大阪城天守閣所蔵文書」『愛11』一五一七）。その後、徳川勢は津島（愛知県津島市）まで進軍したが、秀吉から明智勢力の討滅にともなう中央情勢鎮静の報を受け、六月二十一日に帰陣していた（『家忠日記』）。そのうえで、家康は動揺していた旧武田領国の平定の了承を織田権力へ求めていた。この家康の求めを宿老衆は承認し、これまでどおりの忠誠を誓う誓紙を出させ、旧武田領国の平定を委ねていく（「大坂城天守閣所蔵文書」『秀吉』四五五）。

弥栄の松■本能寺の変後、伊賀越えをした徳川家康を、伊勢国大湊の廻船問屋である角屋秀持は伊勢の白子から尾張の常滑まで渡して危機を救った。この松はかつて角屋邸にあり、のちに移植したものだという　三重県伊勢市

「織田体制」が動き始める

清須会議の決定を経て、信長生前の政治構想に基づき三法師が天下人織田家の当主となり、それを支える宿老衆が、合議のもとに天下統治を進める政治運営＝「織田体制」が始動する。そして、清須会議がおこなわれた天正十年（一五八二）六月二十七日、宿老衆は早速、合議運営のもとで連名による次の書状と所領に関わる証《しょう》状《じょう》*を出した。

①上下京宛て連署書状写（「小西康夫氏所蔵文書」『丹羽』一一五）
②蒲生《がもう》賦秀《ますひで》宛て連署宛行状（「本居宣長記念館所蔵文書」『丹羽』一一六）
③高山重友宛て連署宛行状（「塚本文書」『丹羽』一一七）
④堀秀政宛て連署安堵状（「大阪城天守閣所蔵延岡堀家文書」『丹羽』一一八）

現在、伝来が確認されているこのときに出された書状と証状は、①〜④の4点である。これらの書状と証状には、いずれも宿老衆の柴田勝家・羽柴秀吉・丹羽長秀・池田恒興の四人が署判を加えている。なお、宿老衆の署判の順番は、奥（後ろ）から順に記していくと、①と③がいずれも柴田勝家・池田恒興・羽柴秀吉・丹羽長秀、②が柴田勝家・池田恒興・丹羽長秀・羽柴秀吉、④が池田恒興・羽柴秀吉・丹羽長秀・柴田勝家となっている。ただし、署判順の原則はわからない。

続いて、それぞれの内容をみてみよう。

＊証状■ある事実を証明する証拠能力を有する文書。証文とも呼ばれる。

清須城の復元された石垣■本石垣は、城跡のすぐ横を流れる五条川の護岸工事の際に発掘された石垣を復元したものである　愛知県清須市

①は、当時の京都を構成していた上京《かみぎょう》・下京《しもぎょう》の住人に、宿老衆が織田家当主の三法師を守り立て、天下の政務をおこなうこととなったことを伝えたものだ。京都の施政（「洛中政道《らくちゅうせいどう》」）を正し、不正があれば言上するよう表明した書状である。京都は、これまでも述べてきたように、天下＝「日本国」中央の中核にあり、同地の統治は天下人としての立場に関わる、他の地域とは異なる意味合いを含んでいた。そのため、織田家宿老衆はこの書状を出して、今後の政治運営と施政方針を世に示したのだろう。つまり、本状は「『織田体制』始動の告知書」ともいうべきものであったのである。

これに対し、このほかの証状は織田家諸将を対象にしている。このうち②・③は、いずれも所領の宛行《あてがい》（給与）である。②では、近江国衆で日野城の城主だった蒲生賦秀（のちの氏郷《うじさと》）に、近江国「南郡佐久間分」一万石を与えている。蒲生賦秀は、信長の娘婿でもあり、本能寺の変勃発時には父の賢秀《かたひで》とともに、近江安土城から信長の妻子を日野城に迎えて守備を固め、明智勢の攻勢に屈しなかった（『信長公記』ほか）。このときの所領宛行は、この働きへの「恩賞」だろう。宛行われた「南郡佐久間分」とは、天正八年三月に改易《かいえき》された織田家宿老の佐久間《さくま》信盛《のぶもり》が領有していた、近江国栗田《くりた》・野洲《やす》両郡（滋賀県草津市・栗東市・野洲市・守山市）内の所領であった。

③は、摂津国衆で高槻《たかつき》城（大阪府高槻市）の城主だった高山重友に、伊勢国能《の》勢《せ》郡内で三〇〇〇石、蒲生賦秀と同じく近江国内の佐久間分（「江州佐久間分」）で

蒲生氏郷画像■織田家の有力家臣であった　東京大学史料編纂所蔵模写

日野（中野）城跡■現在も石垣や堀など一部遺構が残されている　滋賀県日野町
画像提供：日野観光協会

一〇〇〇石の計四〇〇〇〇石の所領を与えたものである。高山重友は、前述のとおり、摂津衆として明智勢に屈することなく、山崎の戦いでも先陣を務めるなど活躍した。このときの所領宛行も、その働きへの「恩賞」である。つまり、②と③はいずれも本能寺の変後における諸将の活躍に報いた恩賞だった。したがって、現在はこの二点しか伝来していないが、このほかの諸将にも同様の証状が出されていた可能性はある。

一方、④は三法師の傅役だった堀秀政に、近江国坂田郡（滋賀県米原市・彦根市など）内で二万五〇〇〇石の織田家直轄地（「御台所入」）の代官を務めることを、これまでどおり認めたものである。これは、織田家の活動基盤の確保に関わることだ。

この証状によると、堀秀政は信長の生前から、坂田郡内の直轄地の管理・運営に携わっていたらしい。秀政は清須会議の所領配分で、三法師の傅役として近江国中郡で二〇万石を宛行われていたが、坂田郡内の直轄地の運営についても、これまでどおり委ねられたのであった。

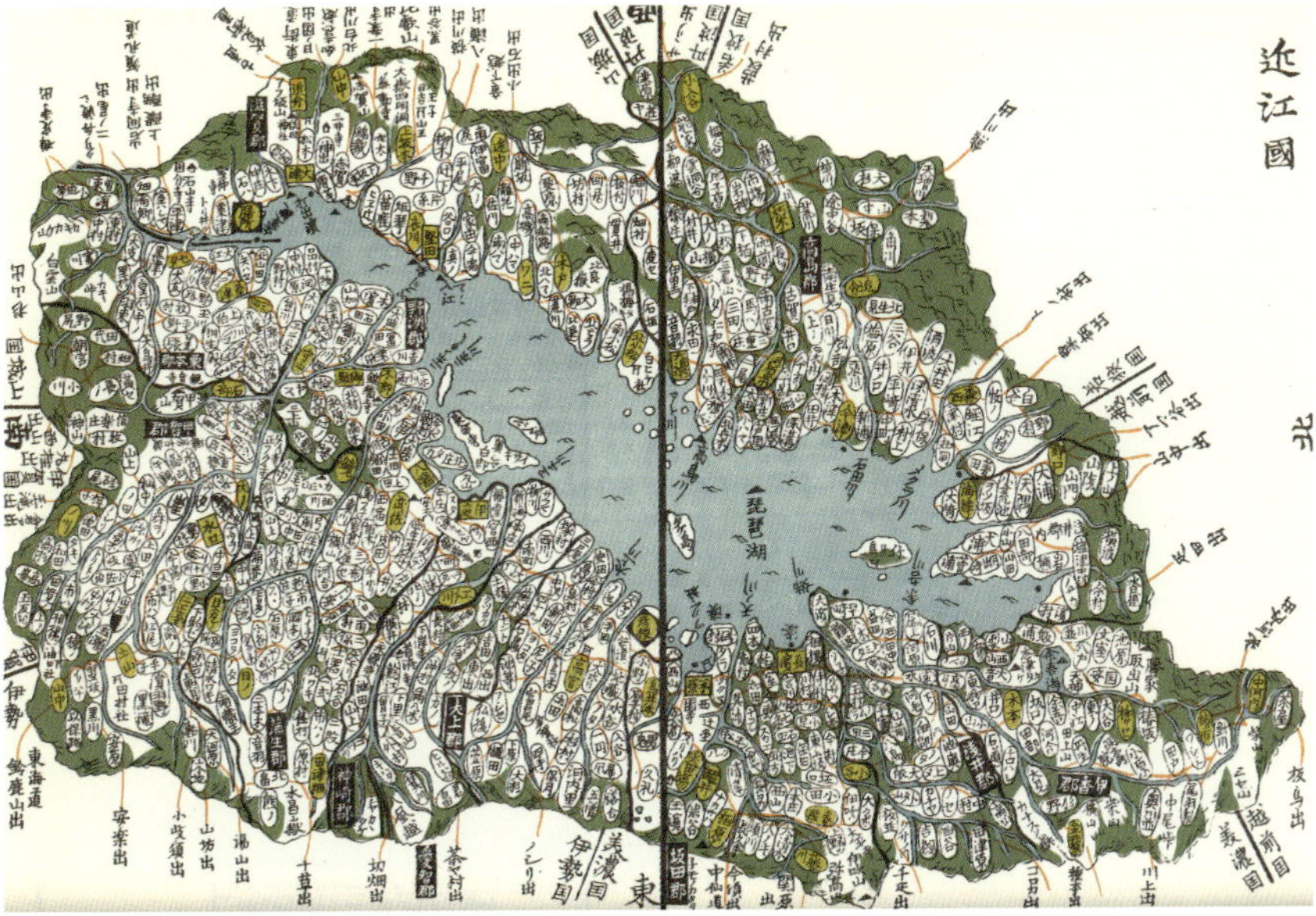

近江国絵図（国郡全図並大名武鑑）■※

このように、②～④の証状は、本能寺の変後の動向に対する恩賞と織田家の活動基盤を確保するための処置であった。こうした清須会議での一連の作業を終えて、宿老衆は帰国の途に着いた（「市田家文書」『秀吉』四四九）。なお、『細川忠興軍功記』によれば、先に近江長浜城（滋賀県長浜市）に戻った羽柴秀吉が、越前国北庄へ帰る柴田勝家を同城に迎えようとしていたが、勝家が長浜城を避けて北庄へ帰ったことから、両者の関係は悪化したとされる。この話が事実かどうかは定かではない。ただ、勝家・秀吉両者の関係は、その後に悪化していったことだけは間違いない。

そして七月八日、三法師は宿老の羽柴秀吉同伴のもとで上洛し、京都で諸将・僧侶らから拝礼を受けた（『多聞院日記』）。ここに、三法師は天下人織田家の当主として公認されたのである。それは、同時に清須会議を経て始動した、「織田体制」が公認されたことでもあった。以後、この「織田体制」をめぐって政治動向が展開していくことになる。

長浜城模擬天守■長浜城は秀吉が築城して拠点にしたが、清須会議後は長浜を柴田勝家が領有することになり、勝家は甥の勝豊を配置した　滋賀県長浜市

第二部　天下人への道を歩みはじめる秀吉

三法師を織田家当主に据えつつも、天下を統治しようと動き出す秀吉。しかし、その前に立ちはだかった柴田勝家と織田信雄・信孝。はたして、天下人になるのは誰か⁉　激動のなかを秀吉は歩を進めていく。

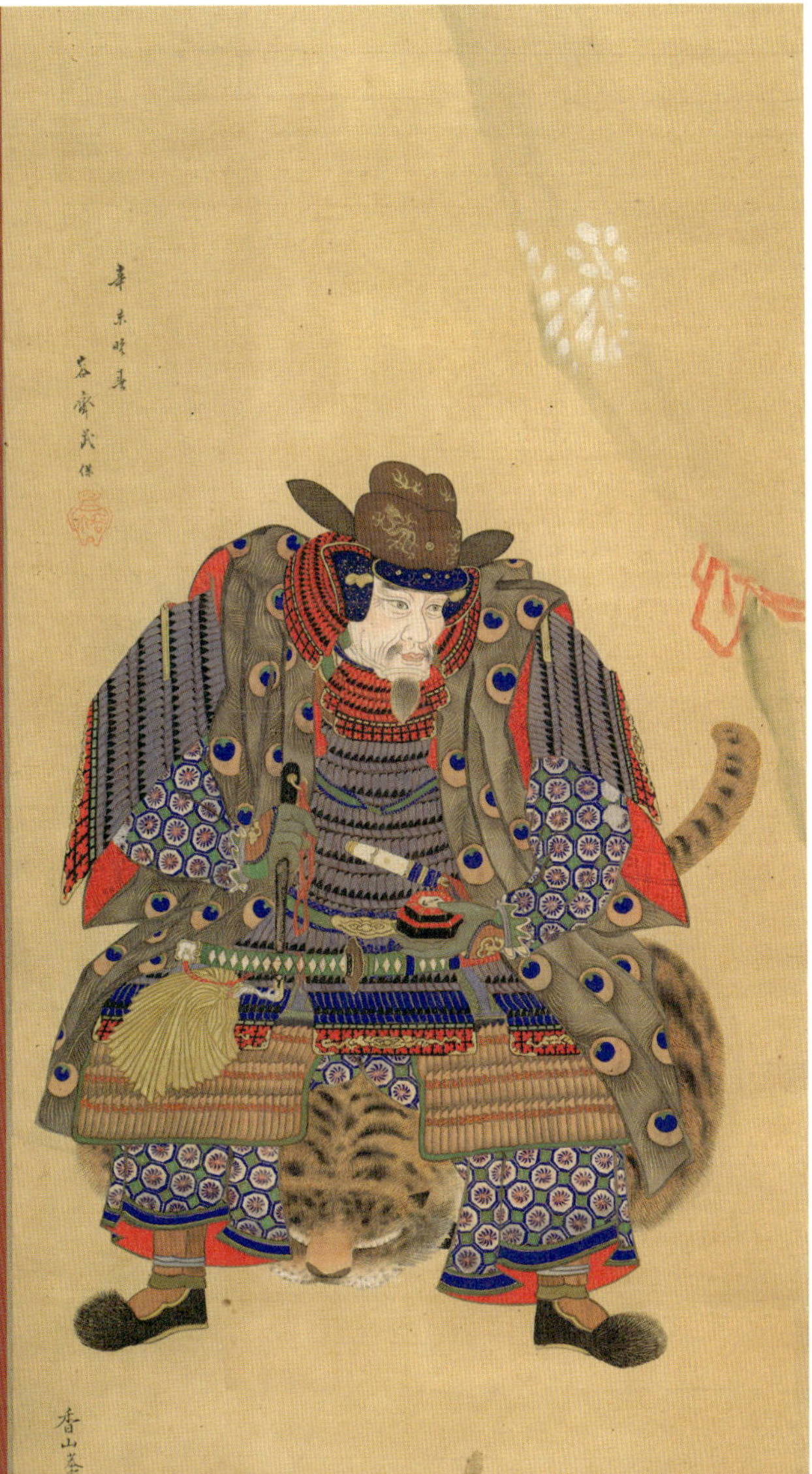

豊臣（羽柴）秀吉画像■個人蔵

第一章　問題が多発する新たな体制

滝川一益の帰還で問題が発生

「織田体制」の始動後、早くもいくつかの問題が生じ、対応を迫られることになる。そのうちの一つは、重臣の滝川一益が帰還したことから生じた。

滝川一益は、近江国甲賀（滋賀県甲賀市）の出身で、早くから織田信長に仕え、織田氏が伊勢国を勢力下に置くと、重臣として北伊勢五郡の支配を任された。その後、畿内周辺や北陸など各地の戦場で活動する一方、天正八年（一五八〇）三月以降は、織田権力に従った相模北条氏の取次としても活動した（『古簡雑纂』「滝川一益受発給文書集成」五二号文書ほか）。

そして、天正十年二月に始まった甲州征伐（甲斐武田氏の討伐戦）では、一益は総大将の織田信忠を支えながら進撃し（「建勲神社文書」「滝川一益受発給文書集成」五二号文書）、三月十一日には甲斐国田野《たの》（山梨県甲州市）で武田勝頼を討ち取るという活躍を果した（「中野文書」「滝川一益受発給文書集成」七八号文書ほか）。

戦後、一益は信長に甲州征伐での功績を評価されて、上野国と信濃国佐久《さく》・小県《ちいさがた》

武田勝頼（中）・信勝（左）・北条夫人（右）の供養塔■山梨県甲州市・景徳院境内

の二郡（長野県小諸市・上田市など東信地域）を与えられ、関東の保全（「東国警固《とうごくけいご》」）と関東・南奥羽の大名や国衆との取次を任された（『信長公記』ほか）。これを受け、一益は、はじめ上野箕輪《みのわ》城（群馬県高崎市）、四月には厩橋《まやばし》城（同前橋市）に入り、上野国と信濃国小県・佐久の二郡の領国支配と、「東国警固」に取り組むべく関東・南奥羽大名や国衆の統制を進めた。この状況は、関東・南奥羽の大名や国衆に、織田権力による「東国御一統」の認識を深化させていったが、その途上に本能寺の変が起きる。

そして、本能寺の変による織田権力の動揺を受け、上野の勢力圏を失った相模北条氏が、織田氏と断交して奪還に動きだす。この事態に、一益は関東諸大名・国衆に協力を求め、迎撃に努めたが（「佐竹文書」「滝川一益受発給文書集成」九九号文書ほか）、諸大名・国衆の協力を得られず、六月十九日の相模北条氏との神流川《かんながわ》の戦いに敗れた（「松平義行氏所蔵文書」『群馬県史』資料編7中世3、三一三九号文書）。

なお、神流川の戦いの前に、一益は

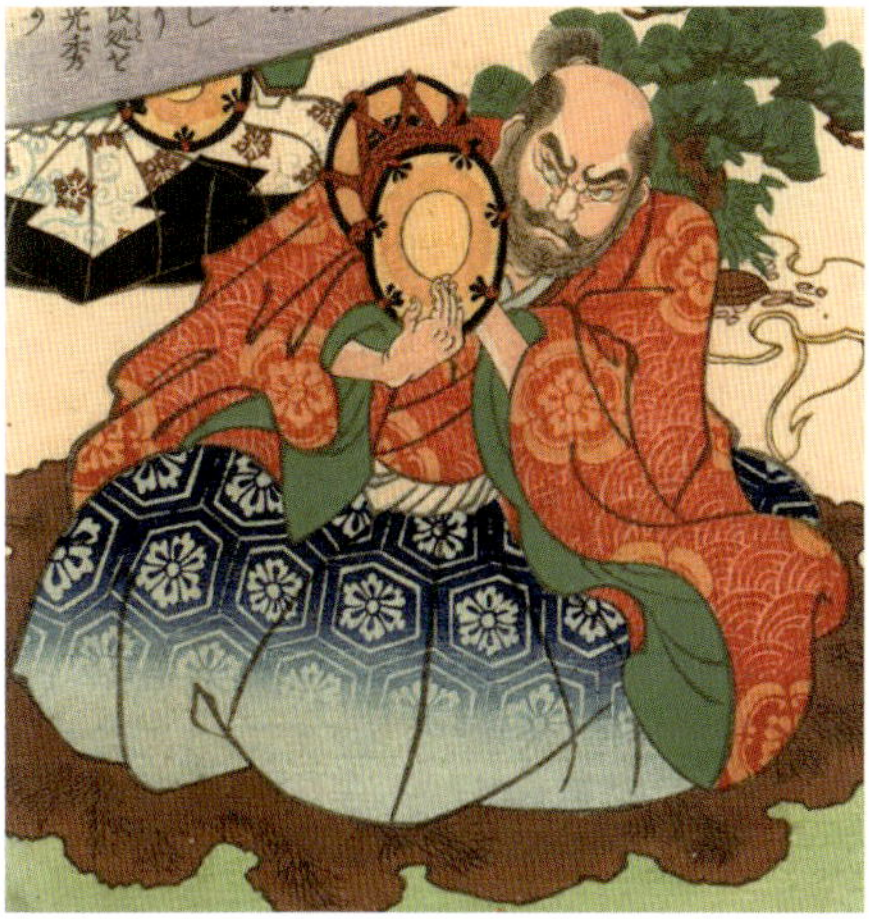

滝川一益画像■『太平記英雄伝』 個人蔵

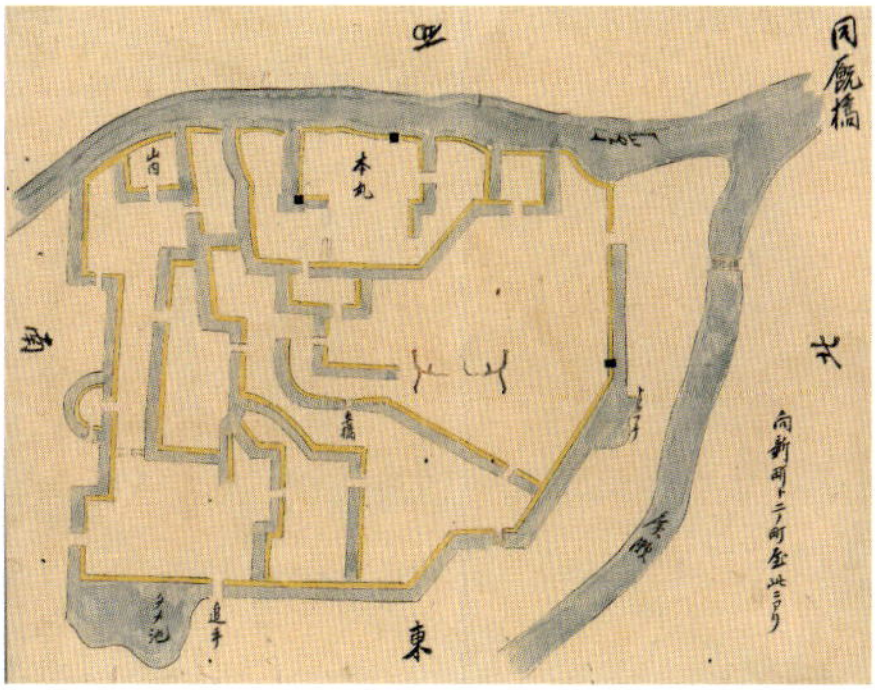

「近世城図」に描かれた厩橋城■利根川に面した段丘上に築かれた城郭。上杉謙信の関東侵攻における拠点になるなど、上野国でも重要な城であった※

羽柴秀吉へ、本能寺の変後の中央情勢を尋ねるとともに、相模北条氏が断交のうえ勢力圏の奪還に動きだしたことを伝えていた。一益からの伝達に、秀吉が六月二十六日に返事した書状がある（「大阪城天守閣所蔵文書」『滝川一益受発給文書集成』一〇〇号文書）。それによると、秀吉は山崎の戦いでの勝利、明智勢の討滅、尾張清須城への到着など一連の状況とともに、要請次第により徳川家康の軍勢を派遣することを一益に伝えている。一般的に、一益は清須会議に間に合わなかったため、織田権力内での立場を失墜させてしまったといわれている。けれども、この秀吉の書状によると、一益には対北条氏戦と勢力圏維持に専念することが求められている。つまり、一益の参加は端から想定されていないのだ。

　しかし、一益勢は神流川の戦いに敗れ、その後、態勢を立て直すことができないまま伊勢国の所領へ帰還した。当然、この事態は関東での勢力圏を維持できなかった責任を一益に負わせ、織田権力内での立場の失墜をもたらすことになった。そのうえ、関東での活動基盤を喪失した一益に残されたのは、以前から領有していた北伊勢五郡の所領のみであった。それは、今後立場の回復にあたっていくうえで、充分な活動基盤にはなりえなかった。そのため、一益が早急におこなうべきことは、立場回復のための活動に備え、それに応じた所領を確保していくことであった。

　そこで一益は、宿老衆に所領の加増を求めたようである。しかし、清須会議で所領配分を終えたばかりのなかで、一益に支給できる所領は、もはや織田家の蔵入地《くらいりち》＊

首塚八幡宮■神流川の戦いで討ち死にした武将の首を祀っている　群馬県高崎市

＊蔵入地■直轄領を指す。

（「御台所入」）を削ぐほかなかった。この事態を丹羽長秀から書状で聞いた秀吉は、一益の所領要求に、織田家の蔵入地を確保すべきことを強く説き、対応の相談を求めている（「専光寺文書」『丹羽』一二五）。

だが、一益の所領要求への対応はなされないまま、時は過ぎていった。これに不満をもった一益はやがて、後述するように、激化した織田権力内の対立のなか、信孝・勝家方に接近し、再起を図る。

■信雄と信孝の関係が悪化する■

二つめは、北畠信雄・織田信孝兄弟の間で生じた、尾張・美濃両国の国境をめぐる対立であった。これについては、加藤益幹氏が詳細に検討しているので、その研究成果に拠りながらみていこう〔加藤 二〇〇六〕。

先にもみたように、清須会議での所領配分の結果、織田信忠が管轄していた織田本領国のうち、信雄は尾張国、信孝は美濃国を領有することになった。ちなみに信雄は、これにより尾張国・南伊勢・伊賀国三郡を領有する存在になっている。そして、この結果を受け、信雄は七月にそれまでの伊勢北畠家の居城であった伊勢松ヶ島城から尾張清須城へ移っている（「祐福寺文書」『愛12』一二）。また、信孝も美濃岐阜城に入り、それぞれ新たな領国の支配に臨む。

松ヶ島城跡■信雄が一時拠点とした城で、現在は天守山と呼ばれる小高い丘が残る　三重県松阪市

足利義昭画像■東京大学史料編纂所蔵模写

なお、信雄は『惟任退治記』に、「織田三介信雄」としてみえる。この記述に従うと、それ以前に信雄は、それまでの北畠名字から織田名字へ戻ったことになる。信長の生前、信雄は『信長公記』も含め、北畠名字でみえるので、天正十年六月の本能寺の変以降から十月の間が改姓の時期になる。

同年九月九日に備後《びんご》国鞆《とも》（広島県福山市）にあり、帰京を試みていた室町幕府将軍足利義昭が信雄に宛てた御内書《ごないしょ》*写には、「北畠中将」とみえる（「『和簡礼経』所収文書」『三重県史』資料編中世3、四〇七頁）。このことから、筆者は以前、宛先のみを重視し、信雄が後述するように三法師の名代として織田家当主になり、さらには翌年正月に安土入城を遂げた時期ではないかと推察した〔柴 二〇一六〕。

しかし、このとき鞆にいた将軍義昭が、信雄の織田名字の改姓を正確に把握していたとは限らない。となると、先に記した時期も合わせ、信雄の改姓時期に注目すると、尾張清須城に入り、織田家の本地であった尾張国支配を開始した七月が、候

医王寺から鞆の浦を望む■広島県福山市
画像提供：福山市観光課

*御内書■室町幕府の将軍が出した公的な手紙。

補として考えられる。つまり、その背景には、それまでの北畠領国に止まらず、織田家本領国、とくに代々の本地である尾張国を領有することになった関係を重視する見方である。もちろん、今後もこの問題は検証が必要だが、本書では、以下、信雄を「織田信雄」として記していく。

さて、尾張国を信雄、美濃国を信孝が領国として支配することになったのだが、早々に尾張・美濃両国の国境をめぐって対立する。その原因は、木曽山脈《きそさんみゃく》西部を起点にして、濃尾平野《のうびへいや》を流れる木曽川《きそがわ》にあった。木曽川は氾濫によりたびたびその流路を変え、このときは、尾張国北西部の葉栗《はぐり》・中島・海西《かいさい》の三郡が東西に分断されていたのだ。そのうえ、川西側は肥沃《ひよく》なデルタ地域でなおかつ、尾濃国境に位置するこの地域を政治的・軍事的に押さえることは、尾張・美濃各国の領有を確固たるものとするためにも、どうしても必要なことであった。

そこで信雄は、川西地域が尾張国だったことから、尾張・美濃両国の国境は「国切《くにぎり》」（尾張・美濃両国の範囲に基づいた設定）であると主張した。これに対し、信孝は川西地域を獲得するために、木曽川を国境として設定すること（「大河切《たいがぎり》」）を求めた。そして、信雄に「大河切」を認めさせるために、美濃国東側の三郡の割譲を持ち出す。ここで見返りにあがった美濃国東側の三郡とは、尾張国北西部と同様に、木曽川の流路に北南に分断された可児《かに》・土岐《とき》・恵那《えな》の各郡南部（岐阜県多治見市・土岐市・瑞浪市・恵那市）のことである〔加藤 二〇〇六〕。これらの割譲により、信

現在の木曽川と武並橋■岐阜県恵那市

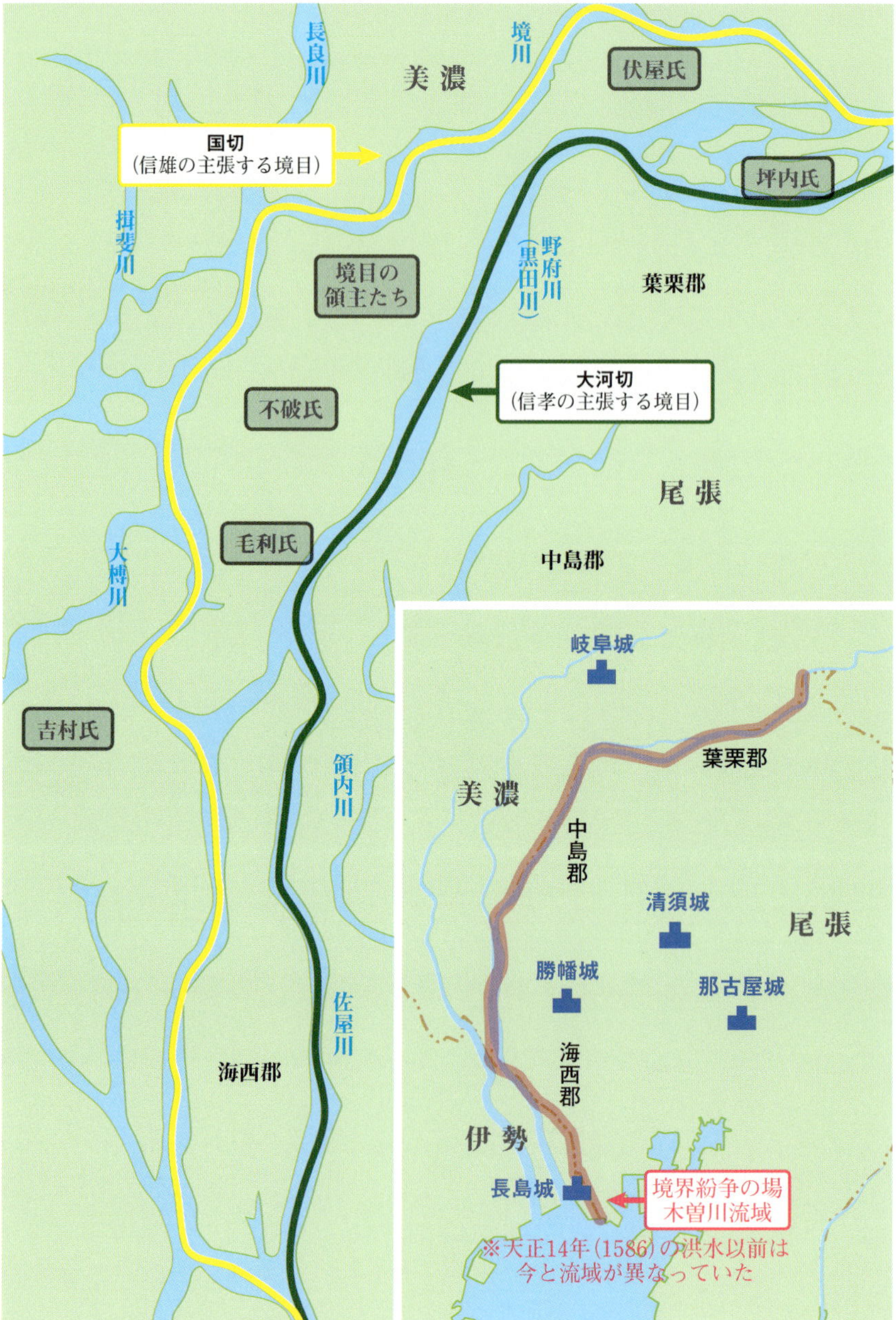

図７　木曽川の流路と信雄・信孝の国切案

孝は尾濃国境を「大河切」として定め、川西地域を獲得しようとしたのだ。

しかし、信雄は信孝の求めを断り、「国切」による尾濃国境の設定にこだわった。こうして、信雄・信孝ともに互いの主張を譲り合うことはなく、尾濃国境をめぐって対立を続けた。

このなかで、信雄・信孝は尾濃国境の解決を宿老衆に求めた。これを受け、宿老衆は解決に動きだす。ところが、宿老衆の間でも意見は異なったようだ。天正十年八月十一日に羽柴秀吉が丹羽長秀へ宛てた書状によると、秀吉は信孝からの要望に応じ、「大河切」で解決すべきという立場を示した(「専光寺文書」『丹羽』一二五)。ただし、秀吉の立場は、後述するように、このとき信孝のもとにいた三法師を安土へ移徙《わたまし》(貴人の転居)させるための見返りから、発したものであった。つまり、秀吉は信孝との政治交渉から、このような立場を示したにすぎない。

一方、柴田勝家は同年九月三日に丹羽長秀へ宛てた書状のなかで、信雄の主張する「国切」で解決すべきとした。そして、「国切」に基づく尾濃国境の設定を、長秀から申し入れてきた、宿老衆の奉行が立ち会いのもと、信雄・信孝双方の奉行も交えておこなうよう説いた(「徳川記念財団所蔵文書」『丹羽』一三〇)。このように、信孝の求めに応じて「大河切」とする秀吉と、信雄の主張を受けて「国切」の解決を説く勝家とで、見解が異なったのだ。

結局、宿老衆間での合意のうえ、国境問題は信雄の主張する「国切」で解決する。「国

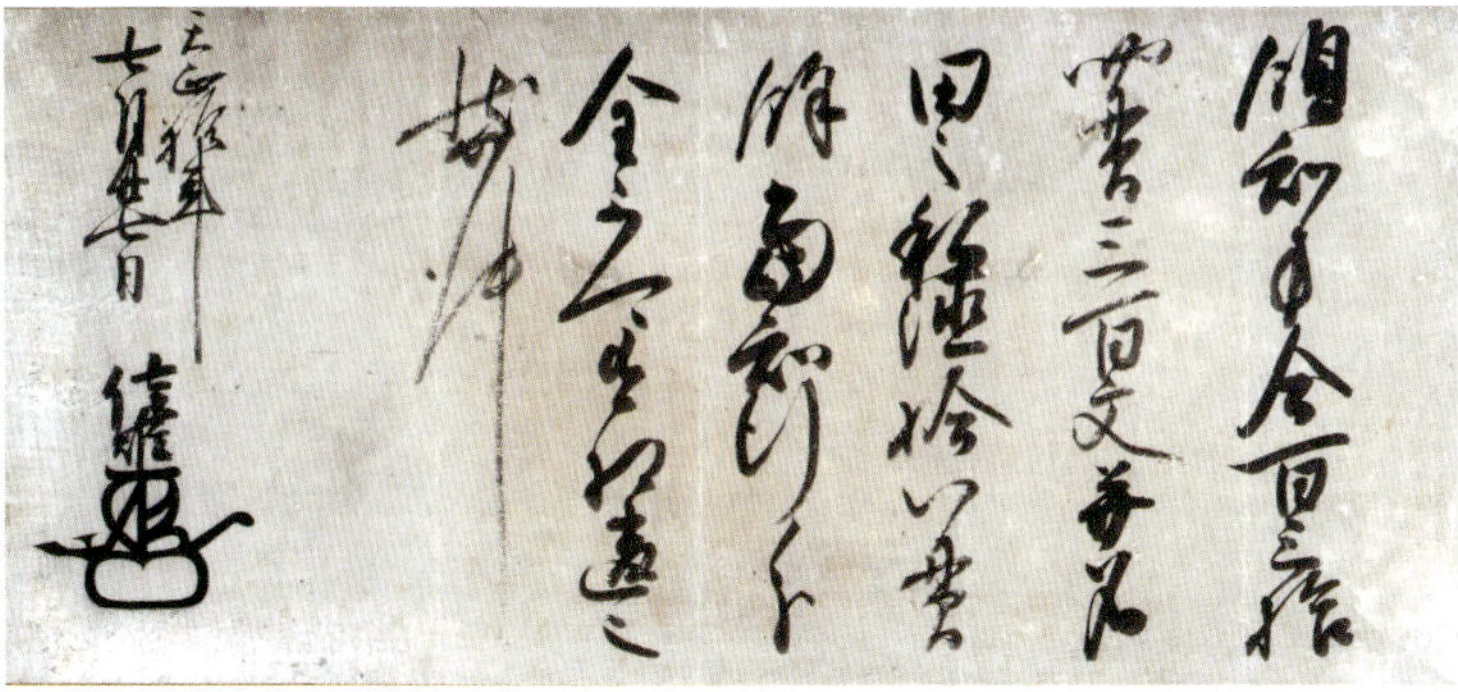

天正十年七月二十七日付け織田信雄判物
■伊勢国から尾張国に移った信雄が新たな支配地での所領の保証をしている　滋賀県立安土城考古博物館蔵

切」で解決となったのは、清須会議で決めた所領配分の決定を遵守するためだろう。だが、このときの対立を経て、信雄・信孝間の関係はさらに悪化していく。

■主導者を目指す信孝が秀吉と対立■

七月に京都で諸将や僧侶らから拝礼を受け、織田家家督に認められた三法師は、その後、天下人織田家の政庁であった近江安土城に入ることになった。だが、安土城は山崎の戦い後の明智勢と織田勢との攻防による混乱のなかで、六月十五日に焼失している（『兼見卿記』）。なお、発掘調査の成果によると、このときに炎上したのは、五層七階の「天主《てんしゅ》」を含む主郭部分に限られている（松下 二〇一四）。いずれにせよ、天下人織田家の政庁として修築が必要なため、三法師はそれまでの期間を、叔父の織田信孝による後見のもと、美濃岐阜城に滞在することになった。

ところが、三法師を掌中に置いたことで、信孝は自分が織田権力の主導者であるとの姿勢を示し始めた。そして、公家や門跡・寺社は信長の死去による織田権力内の代替わり（為政者の交替）の所領保証（「曇華院文書」『愛12』一五三ほか）や訴訟の解決を信孝に求め、信孝は積極的に応えていく（山崎 二〇一五）。また、信孝は主導者として、本能寺の変後の旧武田領国をめぐる戦争（天正《てんしょう》壬午《じんご》の乱《らん》）を鎮定するために、織田勢の派遣を指示するという動きをみせた（『木曾考』『愛12』三二一）。こ

安土城跡の主郭■主郭には高層の「天主」があったとされ、発掘調査で礎石（柱下の石）が検出されている　滋賀県近江八幡市

うした、主導者にあろうとする信孝の姿勢の背景には、一五八四年一月二十日のキリスト教イエズス会宣教師ルイス・フロイスの書簡（『十六・七世紀イエズス会日本報告集』第三期第六巻所収）にも、「彼は天下の主君となることを望んでいた」と評された、自身こそが信長の後継者＝天下人にふさわしいとの気概をみることができる。

しかし、清須会議により、織田権力の政治運営（「織田体制」）は宿老衆の合議のもとで進められることになっている。そのため、信孝が示す主導者になろうとする態度は、宿老衆にとって政治運営の障害になる。とくに、清須会議で山城国を領有することになった羽柴秀吉の活動と抵触する。この頃、秀吉は山城国を統治するために、自身の領国の居城であった播磨姫路城（兵庫県姫路市）とは別に、山城国山崎の地に居城を築いて臨み、京都の支配にもあたっていた。

こうしたなか、織田権力の主導者になろうとする信孝の公家や門跡・寺社への活動は、秀吉による山城国の統治とは別に進められていた。そのため、秀吉にとって、京都における信孝の独自の活動は、山城国統治を進める

安土城跡航空写真■滋賀県近江八幡市　画像提供：滋賀県教育委員会

安土城出土遺物のうち伝台所跡出土溶解瓦・土器・銅製品■天守や本丸などの焼失で火を浴びたものである　滋賀県教育委員会蔵

のに障害となっていったのである。

　そこで、秀吉は近江安土城の修築を急がせ、一刻も早く信孝の立場の源泉となる三法師を安土城へ移徙させようとした(「専光寺文書」『秀吉』四七六)。三法師を信孝の掌中から離すことで、信孝の活動を封じようとしたのである。

　これに対して信孝は、秀吉が山崎城を築き、天下＝「日本国」中央の運営を主導しようとしている態度を非難した。この結果、信孝と秀吉の関係は悪化していく。また、宿老の柴田勝家も、三法師の安土城移徙を急ぐ秀吉の動きに対して、三法師は幼少なので、安土城への移徙を急がせる必要はなく、修築が終わってからおこなうのが、天下人織田家の家督(「日本国之御主御本立〈流〉」)の世間体としてもよいという立場を示していた(「徳川記念財団所蔵文書」『丹羽』一三〇)。そして、信孝と同じく、山崎城を築き、宿老衆の合議を経ずに天下＝「日本国」中央の運営を主導していこうとする秀吉への非難を強めていった(『南行雑録』『丹羽』参考51)。

　こうして、反秀吉の立場で一致する信孝と勝家の両者は接近する。そのなかで勝家は、十月頃には信孝の叔母にあたる

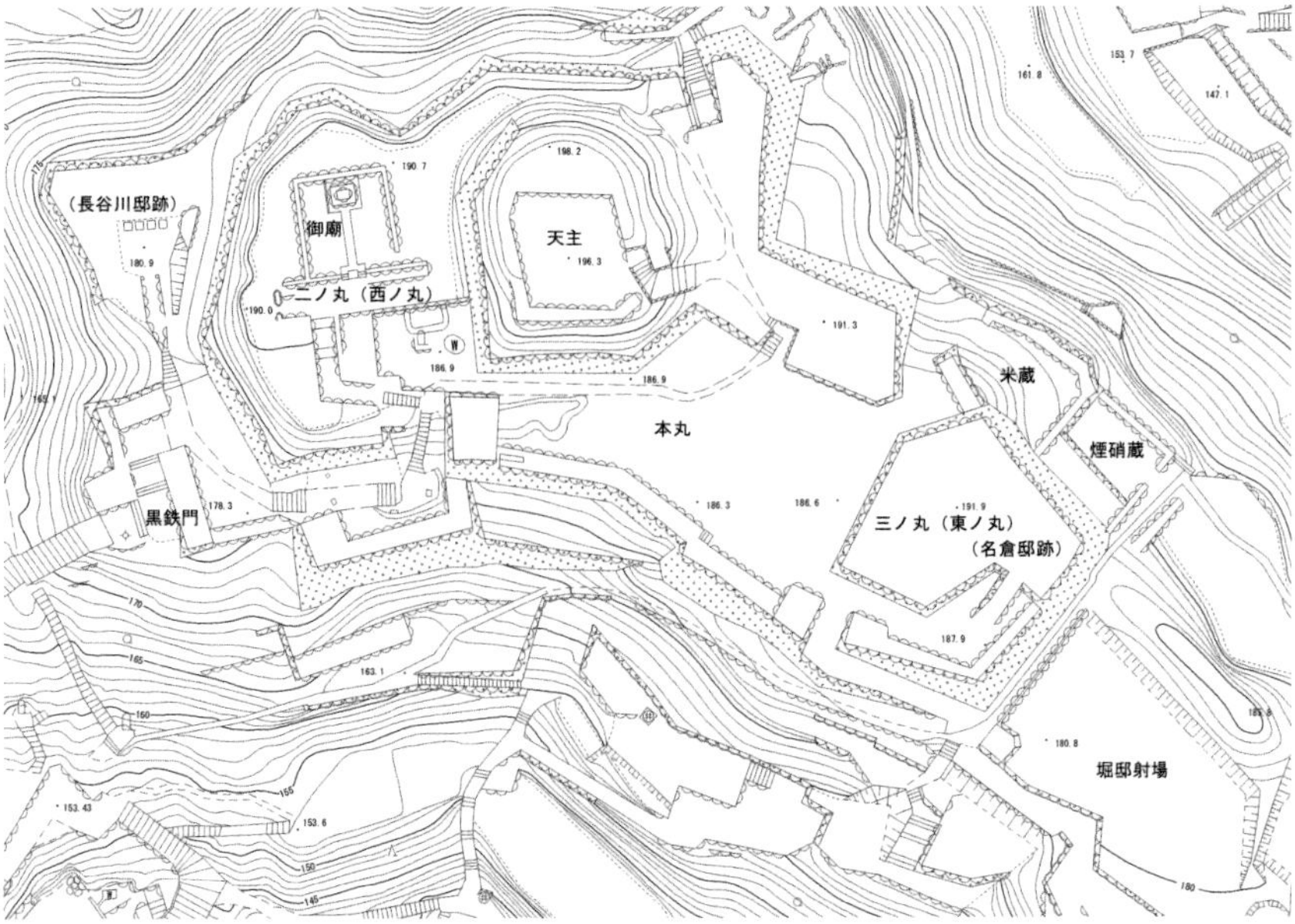

安土城跡中心部の図■画像提供：滋賀県教育委員会

小谷《おだに》の方（市《いち》、浅井長政《あざいながまさ》の元室）と婚姻し（『南行雑録』『丹羽』参考51）、信孝との関係を強めて秀吉に対抗していく。

■政争に影響された天正壬午の乱■

織田権力内の政争、とくに羽柴秀吉と織田信孝・柴田勝家の関係悪化は、旧武田領国の領有をめぐっておこなわれていた、北条・徳川両氏の戦争（天正壬午の乱）にも影響を与えた。

徳川家康は、旧武田領国平定の了承を織田権力に取り付けたうえで、天正十年（一五八二）七月に甲斐・信濃両国への侵攻を始めた。だが、その攻略途上に、上野国の大半を平定した北条氏が信濃へ侵攻し、八月には信濃攻略にあたっていた徳川勢を追撃して、甲斐国へ進軍してくる（『家忠日記』）。このとき、徳川・北条両氏の軍勢数は、北条勢が二万人余、徳川勢は二〇〇〇人余という状況であった。軍勢数からみても不利な状況のなかで、家康は若神子《わかみこ》（山梨県北杜市）に陣取った北条勢と、甲斐新府《しんぷ》城（同韮崎市）に陣を据えて対峙し続けた（『家忠日記』）。

一方、この状況を打開するため、家康は下野国衆の皆川広照《みながわひろてる》や下総国衆の水谷正《みずのやまさ》村《むら》を通じて、反北条氏勢力であった常陸佐竹氏・下野宇都宮氏・下総結城氏ら北関東の大名・国衆との対北条氏外交を展開していった。また、織田権力にも戦況を報

新府城跡■天正九年（一五八一）、武田勝頼が築くも、未完成のまま織田勢に攻められ、わずか六十八日で勝頼自ら火を放ったという。その後は甲斐国をめぐる争いで、徳川方の拠点になった　山梨県韮崎市

告し、援軍の派遣を求めた。

こうして、家康の援軍要請に応え、織田権力は北条氏討伐の準備を進めていく（「小田部庄右衛門氏所蔵文書」『丹羽』参考50）。だが、時が立つにつれ、信雄・信孝兄弟、秀吉と信孝・勝家の関係が悪化していくという状況のなかで、なかなか軍勢を派遣できずにいた。この状況に、勝家は十月六日に堀秀政に宛てた書状のなかで、信長の死後に敵対の態度を顕し、いま徳川氏と対陣している北条氏を討つことは、代替わりの軍忠《ぐんちゅう》（「続目《つぎめ》之《の》軍忠《ぐんちゅう》」）、はたまた信長への弔いにもなるのに、秀吉が阻害しているとして強く非難した（『南行雑録』『丹羽』参考51）。

結局、信濃国衆の木曽義昌《きそよしまさ》や真田昌幸《さなだまさゆき》が従属するなどにより、徳川氏が戦況を好転させていったなか、織田権力は内紛のために出兵できず、信雄・信孝兄弟が家康に北条氏との和睦を要請する（『譜牒余録』『新編埼玉県史』資料編6中世2、一一七五号文書ほか）。これを受け、家康は北条氏と和睦交渉を進めた結果、十月二十九日に両者の和睦がなり、天正壬午の乱は幕を閉じた（『家忠日記』）。

そして、和睦締結の領土協定（国分《くにわけ》協定）により、北条氏の勢力下にあった甲斐国都留《つる》郡（山梨県都留市など東部地域）と信濃国佐久郡、徳川氏の従属下にあった信濃国衆真田氏の上野国沼田《ぬまた》・吾妻《あがつま》両領（群馬県沼田市など北部地域）の交換が決められ（『家忠日記』）、徳川氏は甲斐・信濃両国を獲得することになる。これにより、徳川氏は三河・遠江《とおとうみ》（静岡県西部）・駿河・甲斐・信濃の五ヵ国を領国とする大名へと

真田昌幸画像■天正壬午の乱では、上杉氏、北条氏、徳川氏とつぎつぎに従属する相手を変えて生き残りをはかった　上田市立博物館蔵

発展を遂げた。

■信長の葬儀で関係悪化が浮き彫りに■

羽柴秀吉と織田信孝・柴田勝家の関係悪化は、天正十年（一五八二）十月十五日に秀吉が織田信長の葬儀を強行したことから、一層深まっていった。

秀吉は、早くから織田信雄・同信孝兄弟、柴田勝家・丹羽長秀・池田恒興の宿老衆に、信長の葬儀を開催することを求めていた。だが、信雄・信孝兄弟や勝家は秀吉の主導を嫌ったため、宿老衆はまとまって葬儀の開催を取り仕切ることができずにいた。この状況に、秀吉は信長の子で自分の養子になっていた次秀勝を喪主に立て、山城大徳寺《だいとくじ》（京都市北区）で信長の葬儀の準備を進めていった。

このとき、喪主に立てられた次秀勝は、永禄十年（一五六七）の生まれで、幼名は於次《おつぎ》。諸系図類では信長の四男とされるが、『惟任退治記』に「相公《（織田信長）》第五男御次丸」とあることから、五男であったことがわかる。時期ははっきりしないが、秀吉の養子に入り、元服して「次秀勝」と名乗った。天正八年三月以降になると、中国地方の攻略を進める養父の秀吉に代わり、近江国長浜領の支配にあたる。また、天正十年三月十七日の備前児島《こじま》城（岡山県倉敷市）の攻略を初陣《ういじん》として、近江長浜衆を率いて活動した。そして、清須会議後に近江国長浜領が柴田勝家に譲渡されると、秀

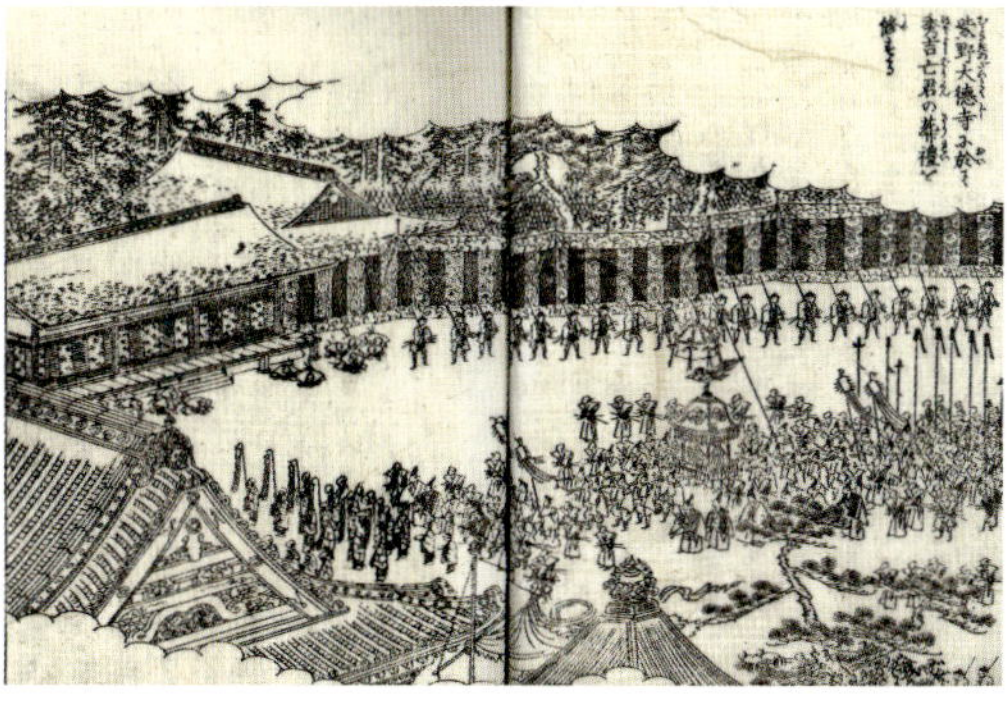

『絵本太閤記』に描かれた大徳寺での信長の葬儀■※

吉から丹波国の統治を任されることになった。
次秀勝を喪主として秀吉が開催を進める葬儀に、丹羽長秀は自身の代理人として三人の家臣を遣わし、細川忠興は参列のため上洛した（『兼見卿記』）。池田恒興も、息子の照政《てるまさ》（のち輝政）が葬儀に参列し、棺を担いでいるので、秀吉の葬儀開催に応じたことがわかる（『惟任退治記』）。このように、秀吉は宿老の丹羽長秀・池田恒興や細川忠興を味方に付け、信長の葬儀開催を進めていった。なお、この開催に対して、信雄・信孝兄弟が上洛し、葬儀を中止させようとしたとの風聞もあった（『晴豊記』）。このように緊迫した状況のなか、信長の葬儀は厳重な警護のもと、十月十五日に大徳寺で盛大に執り行われた（『惟任退治記』ほか）。

葬儀後、より険悪となった秀吉と勝家を和解させようと信孝が動いたが、十月十八日に、秀吉は信孝に書状で、織田家に忠義を尽くしてきた自分のこれまでの行いには非がないと強く主張した（「金井文書」『秀吉』五一二）。そして、秀吉は信孝・勝家方の動きに備えて、丹羽長秀・池田恒興とは入魂を深め、自身に味方する畿内の諸将からは人質を差し出させ、関係を固める（『相州文書』『秀吉』五二三）。こうして、事態は秀吉方と信孝・勝家方の一触即発の対立状況に進んでしまった。

しかし、秀吉方の主人である三法師は、いまだ信孝のもとにいる。このため、信孝・勝家方が三法師を大義名分にして動くと、秀吉方の行動は主家である織田家への反逆という事態に陥りかねない。秀吉方にとっては、早急な対処が求められた。

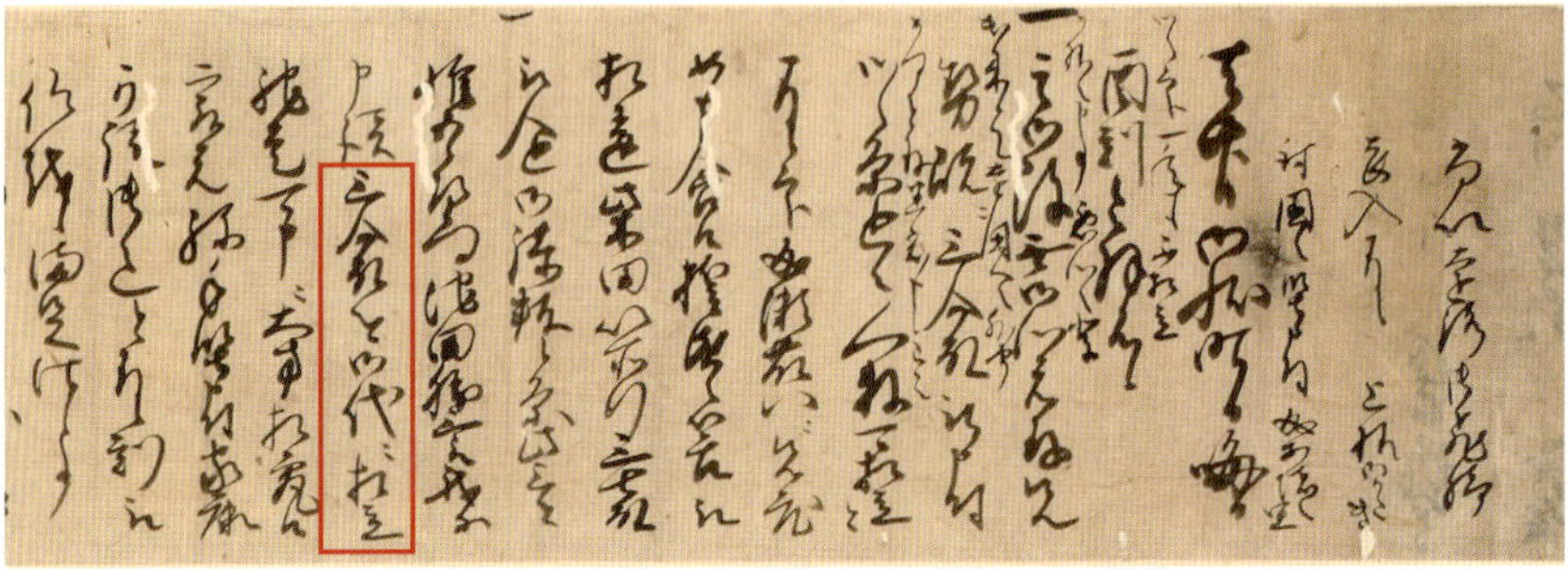

そこで、秀吉は対処のため、十月二十八日に山城本国寺《ほんこくじ》（本圀寺、京都市山科区）で丹羽長秀・池田恒興と対談し、信孝と対立する織田信雄を、三法師の名代（「御代」）としての織田家家督に擁立することを決めた（『蓮成院記録』、「真田宝物館所蔵小川文書」『秀吉』五三二）。つまり、秀吉・長秀・恒興の三宿老は、清須会議時の決定を改め、信雄を三法師が成長するまでの暫定的な当主に据えることで、三法師を掌中に置く信孝・勝家方の行動を封じ込めようとしたのだ。秀吉・長秀・恒興の三宿老の対処に信雄も応じ、秀吉方は信雄を暫定的な織田家当主とした陣営を整えていく。

こうして「織田体制」は、清須会議後の政争から、織田家当主の信雄・羽柴秀吉方と、本来の家督にある三法師を掌中に置く織田信孝・柴田勝家方の二閥に分かれ、対立するという事態に進んでいったのである。

■信孝の降伏と信雄の安土入城■

十一月、両者の対立のなかで、信孝の領国であった美濃国内でも、信雄・秀吉方に応じる諸将の動きがみられた。この事態に、信孝は信雄・秀吉方に応じる諸将の討伐にあたる。また、自身こそが父信長を継ぎ天下人としてあるべきという立場を改めて示すために、信長の「天下布武」印に倣《なら》った、「一剣平天下《いっけんへいてんか》」の文字を刻んだ馬蹄《ばてい》形の印判《いんばん》を使用し始めた（「伏屋文書」『愛12』六七）。

（右ページ）（天正十年）十一月一日付け羽柴秀吉書状（部分）■赤で囲んだところに、「三介殿」（信雄）を名代（「御代」）に据えると書かれている　真田宝物館蔵

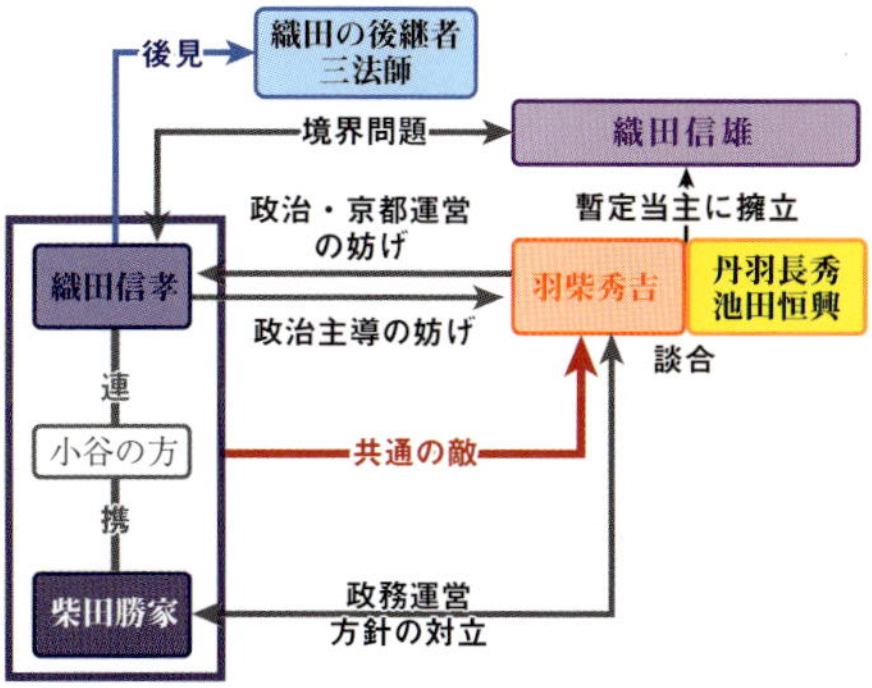

図8　織田信長葬儀後の対立図

こうしたなか、尾張清須城にいた信雄は、自身の陣営について信孝に敵対した諸将を救援するため、十二月に美濃へ出陣する（「吉村文書」『愛12』七一ほか）。また、同月九日には秀吉も、織田家当主となった信雄を近江安土城に迎え入れることを名目に、信孝・柴田勝家方の平定に発った（「黒田家文書」『秀吉』五三八ほか）。

近江国へ進軍した秀吉の軍勢は、まず勝家の甥勝豊《かつとよ》が守る近江長浜城を攻撃した。秀吉方の攻勢に、勝豊は勝家へ救援を求めたが、この頃、深雪により北陸地方は通路を閉ざされる真冬の時期ということもあって、秀吉との和平を試みていた。そのうえ、例年以上の深雪という状況も重なって、勝家の援兵は来ず、勝豊は人質を差し出して降伏した（『柴田退治記』、「小早川文書」『秀吉』五四三）。

その後、秀吉は丹羽長秀・細川忠興・池田元助《もとすけ》（恒興の嫡男）らの軍勢を加え、三万人余もの軍勢で美濃国へ進軍し（『柴田退治記』）、十二月十六日には美濃大垣《おおがき》城（岐阜県大垣市）へ入った（「西尾英吉氏所蔵文書」『秀吉』五四二）。秀吉勢の大垣入城を受け、稲葉氏ら西美濃衆は従属の意を示し、人質を差し出した（「小早川文書」『秀吉』五四三）。そのうえで、秀吉方の軍勢は信孝のいる岐阜城を攻囲した。また、尾張方面からは、信雄の軍勢も進軍していた。

信雄・秀吉勢の攻勢を前にして、不利な情勢を悟った信孝は和睦を願いでる（「小早川文書」『秀吉』五四三）。その結果、信孝は美濃国の領有を引き続き許される代わりに、自身の立場の源泉にあった三法師を手放したうえ、母の坂氏と息女、家臣

琵琶湖と伊吹山■柴田勝豊が拠った長浜城周辺の景色である　滋賀県長浜市

信孝の「弌剣平天下」印

の子弟を人質に差し出した（「吉村文書」『愛12』二二二〇、『柴田退治記』ほか）。

　こうして、三法師は秀吉方の軍勢に供奉《ぐぶ》されて、近江安土城へ移る（「安土城考古博物館所蔵文書」『秀吉』五四四）。また、信雄も十二月二十五日に尾張清須城に戻って戦後処置をおこない（「『大西源一氏収集写真帳』所収文書」『愛12』七五）、翌年正月十七日には尾張国星崎《ほしざき》（名古屋市南区）で徳川家康と会見した後（『家忠日記』）、同月末日に安土城へ入城した（「『古案』所収文書」『愛12』二二二四ほか）。家康との会見は、三法師名代としての織田家家督相続の承認と、天正壬午の乱後の東国情勢を確認したのであろう。

　信雄は、翌閏正月に安土城で諸将・諸人より御礼を受けた（『多聞院日記』ほか）。ここに信雄は、三法師名代としての織田家家督の相続を公認されたのである。そして「織田体制」は、信孝との対立の勝利を経て、当主の信雄とそれを補佐する羽柴秀吉・丹羽長秀・池田恒興の宿老衆のもとに、再始動する。

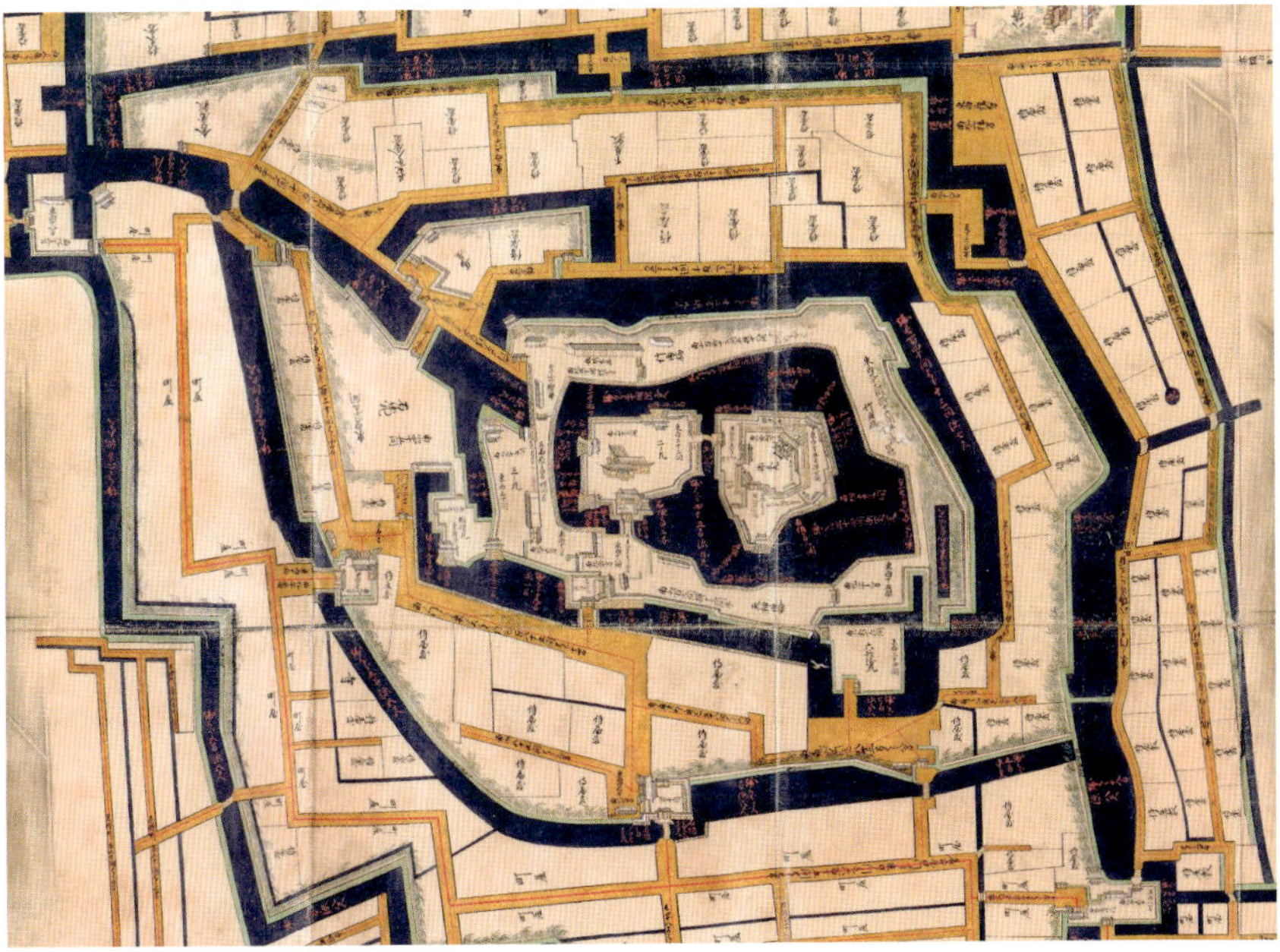

美濃国大垣城絵図（正保城絵図）■秀吉が入城後、天正 11 年には池田恒興の持ち城になった。水堀が特徴的な城郭である　国立公文書館蔵

第二章 秀吉の天下占有と「織田体制」の解体

賤ヶ岳の戦いで秀吉が勝家を討つ

「織田体制」は、織田家当主の信雄と羽柴秀吉・丹羽長秀・池田恒興の宿老衆のもとに再始動するが、これに不満を持つ者もいた。柴田勝家と滝川一益である。宿老でありながらも秀吉と対立した柴田勝家は、中枢から外されることになった。この事態は、当然、勝家の立場の失墜につながりかねない。そのうえ、信雄と秀吉は、これまで勝家と戦い続けた越後上杉氏との通交を進めていた（『歴代古案』『秀吉』五八四ほか）。これは、勝家の動きを封じ込めるものになっていった。

また、滝川一益は依然としておこなわれない所領の加増に不満をもっていた。そこで一益は、織田信孝の動きに応じ、すでに前年末から伊勢国内での所領確保に動きだしていたようだが、それが諸領主との対立を起こしていた。そして、信雄・秀吉派が勝利すると、一益の行動は取り締まられたので（「小島文書」『丹羽』一四一ほか）、一益の反感はさらに募っていった。

こうして柴田勝家と滝川一益は、信雄・秀吉らのもとで再始動した「織田体制」

上杉景勝画像■信雄・秀吉が通交をはじめたときの越後上杉氏当主である　米沢市上杉博物館蔵

に対して、連携して不服従の姿勢をとる。そこで天正十一年（一五八三）二月、秀吉は討伐に動き、近江国長浜領へ出陣した。秀吉勢の進攻に長浜城の柴田勝豊は、病身だったこともあり、宿老に人質七人を差し出させ服従を示した。その後、越前国への進軍は深雪のためおこなわず、滝川一益の討伐を優先して十日に北伊勢へ向かう（「長浜城歴史博物館所蔵文書」『秀吉』五八七、『柴田退治記』ほか）。

柴田勝家画像■柴田勝次郎氏蔵　福井市立郷土歴史博物館保管

北伊勢に進軍した秀吉勢は、一益の居城である長島城（三重県桑名市）の近所を放火し、亀山（同亀山市）・峯《みね》（同前）・国府《こう》（同鈴鹿市）の三城を取り囲み、亀山・国府の二城を即時に攻め落とした（「須田文書」『秀吉』六一二ほか）。また、同月二十八日には、信雄も峯城の攻撃に加わる（「近藤文書」『秀吉』六〇〇）。

信雄・秀吉方の攻勢に、三月、柴田勝家はついに動きだす。勝家は、このとき備後国鞆にいた室町幕府将軍足利義昭の帰京活動を積極的に応援することで、将軍義昭を補佐する安芸毛利氏

峯城跡写真■安楽川と八島川に挟まれた標高八十五メートルほどの丘陵地に位置する山城。秀吉の攻撃に対し、数ヶ月籠城するも落とされてしまった　三重県亀山市　亀山市歴史博物館蔵

賤ヶ岳より余呉湖を望む■羽柴秀吉が余呉湖の北に最前線を置くなど、賤ヶ岳の戦いの舞台になった　滋賀県長浜市　画像提供：長浜観光協会

と結びつき、秀吉方への牽制を働きかける。そして、まだ深雪のなかを、加賀・能登・越中各国の諸勢を動員して、江北《ごうほく》（近江国北部、滋賀県長浜市）へ出陣したのだ（「山口歴史民俗資料館所蔵萬代文書」『山口県史』史料編中世2、九〇二頁ほか）。

この事態に、秀吉は北伊勢での戦陣を信雄に委ね、勝家勢の迎撃のため江北へ向かい、柳ヶ瀬《やながせ》（滋賀県長浜市）に陣した柴田勢と対峙した。そして、若狭国を領国とする丹羽長秀の軍勢を越前国敦賀《つるが》（福井県敦賀市）へ進攻させて、勝家勢を牽制する（「長尾文書」『秀吉』六一七）。また、秀吉方に味方することを示した本願寺《ほんがんじ》には、加賀国で勝家勢を牽制するよう、一揆の蜂起を促した（「本願寺文書」『秀吉』六二五）。

柴田勝家軍が江北へ出陣するため道の除雪をしている■『絵本豊臣勲功記』※

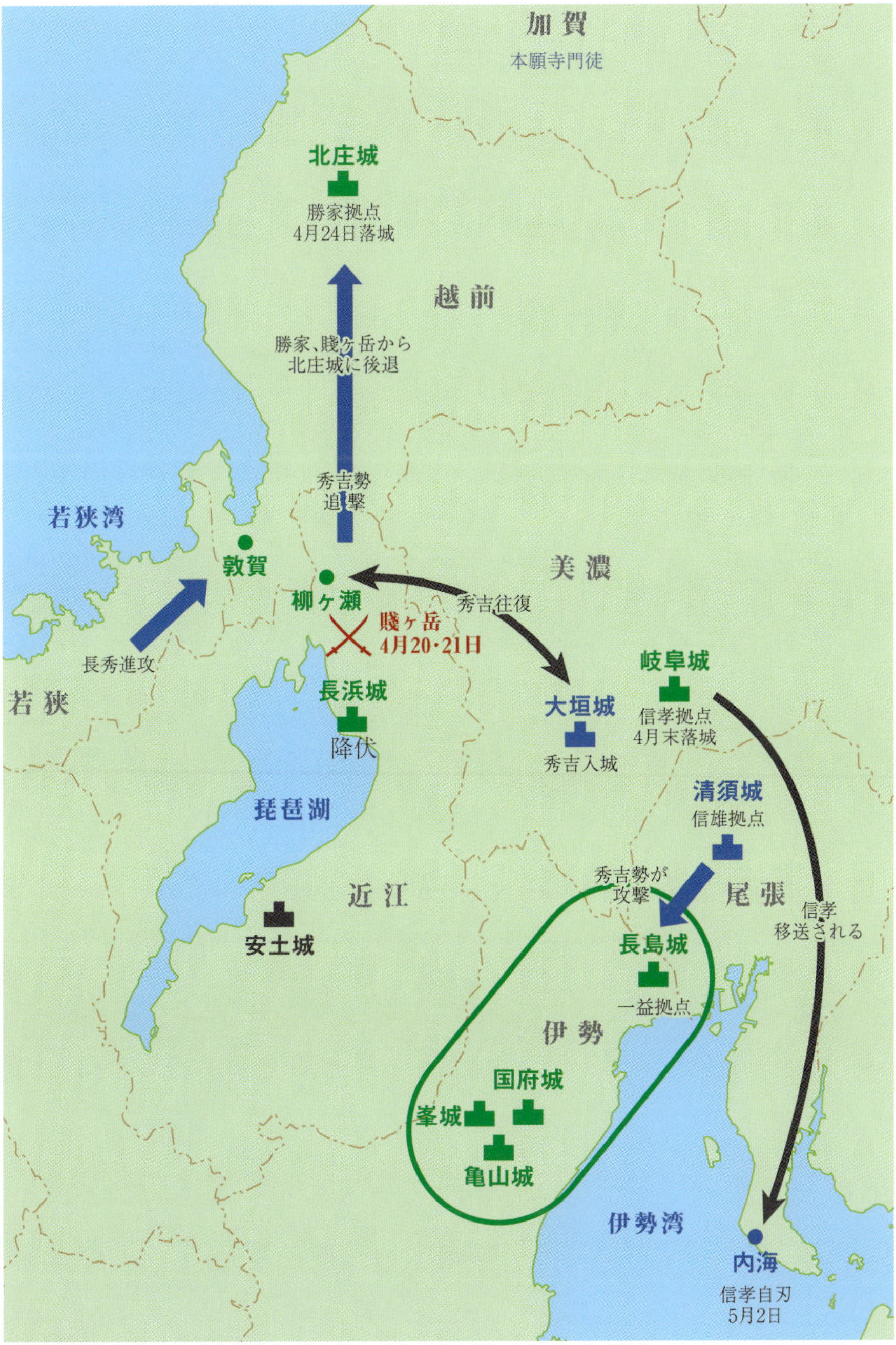

図９　賤ヶ岳の戦いの経過図

▶秀吉子飼いの武将・七本槍の戦い

「賤ヶ岳合戦図屏風」■天正11年（1583）に羽柴秀吉勢と柴田勝家勢が戦った賤ヶ岳の戦いを描いた屏風。六曲一双で、本画像は4月21日の戦いの様子を描いている　馬の博物館蔵

◀羽柴勢の拠点である賤ヶ岳砦

一方、四月になると、勝家の出陣に応じて復権を企てる織田信孝が挙兵する。信孝の動きに、秀吉は人質として差し出されていた母の坂氏らを磔刑に処した後、信孝を討って尾張・美濃両国を平定するために、四月十六日に美濃大垣城に着陣した（「亀井文書」『秀吉』六四五ほか）。

秀吉の出陣を受け、四月二十日に、柴田勝家は甥の佐久間盛政《さくまもりまさ》に賤ヶ岳《しずがたけ》の秀吉方陣営を攻撃させ、中川清秀《なかがわきよひで》らを討ち死にさせる。柴田側の動きを聞いた秀吉は、大垣から柳ヶ瀬にとって帰り、二十一日に柴田勢と交戦し、馬廻衆の活躍もあって勝利した（賤ヶ岳の戦い）。

さらに柴田勢を追撃して、勝家の居城である越前北庄城を攻め囲んだ。秀吉勢の攻撃に勝家は対抗できず、二十四日に小谷の方とともに自刃し、北庄城は落ちた。そのうえで、二十五日には秀吉は加賀国金沢（金沢市）まで進軍し、柴田方の屈服を確認したうえで、今回の柴田方との戦いに協力しなかった越後上杉氏を強く詰問し、従属の証として人質を差し出させた（「毛利文書」『秀吉』七〇五、『柴田退治記』ほか）。

また、伊勢峯城を攻略し、近江国安土城に帰っていた信雄は、四月二十四日に秀吉の勝利を受けて信孝討伐のために美濃国へ向かい（「吉村文書」『愛12』一一二）、ほどなく岐阜城を攻略した。そして、信孝は信雄により尾張国内海《うつみ》（愛知県美浜町）の大御堂寺《おおみどうじ》に連行され、五月二日に自刃した。享年は二十六、法名は功岸徳虎（『多

中川清秀画像■賤ヶ岳合戦では秀吉方に付くも、勝家方の佐久間盛政らの猛攻を前に討ち死にした。賤ヶ岳に近い大岩山には清秀の墓もある　大阪府茨木市・梅林寺蔵

佐久間盛政画像■勇猛な武将で、「鬼玄蕃」と称されたともいう　『絵本豊臣勲功記』※

聞院日記』、「大御堂寺五輪塔陰刻銘」『愛12』一一五ほか）という。

そして、六月には居城の伊勢長島城を攻め囲まれていた滝川一益も降伏する（「鉄屋水野文書」『秀吉』七二五）。こうして信雄と秀吉は、自身らが主導する「織田体制」の再始動を阻害した、織田信孝・柴田勝家・滝川一益ら反対勢力の平定を成し遂げたのであった。

秀吉が天下統治へと動きだす

織田信孝・柴田勝家ら反対勢力を討ち果たしたことにより、「織田体制」は天下人織田家の当主信雄を、宿老の羽柴秀吉が万事を補佐して進められることになった（「石坂孫四郎氏所蔵文書」『愛12』二四六）。それまで宿老衆の一人だった秀吉が、独自で信雄を万事を補佐し、織田権力の政治運営を進めるようにまでなったのは、秀吉が反対勢力の討滅を実質的に主導したからにほかならない。

そして、秀吉は信雄の補佐役という立場で戦後処理を実施し、丹羽長秀には越前国、池田恒興には美濃国を与えるなどして、織田家諸将を従えていき、勢威を増していった。この流れのなかで、織田家当主の信雄に代わり、秀吉に天下＝「日本国」の中央政務を求める動きが生じ始める。

これを受けて、秀吉は六月二日に信長の一周忌法要をおこなった後、池田恒興を

織田信孝の墓■信孝は大御堂寺南ノ坊（現在の安養院）で自刃した　愛知県美浜町・大御堂寺境内　画像提供：美浜町観光協会

移封させることで得た、天下＝「日本国」の中央にあたる五畿内の要所に位置した摂津大坂城に入った（『多聞院日記』）。そして、自身が信長後継の天下人であるという態度を示し始め、信雄でなく自身の判断のもとに天下統治を進め始めていく（「本圀寺宝蔵目録」『秀吉』七三〇ほか）。そのうえで、織田家の当主信雄と正統な家督にあった三法師には、次のような対応をおこなったとされる（一五八四年一月二十日付けルイス・フロイス書翰『十六・七世紀イエズス会日本報告集』第Ⅲ期第6巻所収）。

　もはや天下には羽柴《（秀吉）》が尊敬すべき人がなかったので、彼はいっそう自由に振る舞い、以下に述べることをし始めた。まず初めに、天下の継承者たる信長の孫《（三法師）》をこれまでは安土山に住まわせて丁重に扱ったが、これを元、明智《（惟任光秀）》の城であった坂本の城に移し、少しも厚遇しなかった。信長の第二子《（織田信雄）》には伊勢国のほかに尾張・伊賀両国を与え、彼には（これらを治めるべく）立ち去って、右の三カ国で満足し、二度と天下に足を踏み入れぬこと、また、何か望むものがあるときは、かの地より書状を送れば与えるであろうと伝えさせた。

つまり、秀吉は天下人織田家の政庁である近江安土城から、当主の信雄と正統な家督にあった三法師を追い、自身が織田家に代わり、天下人にあることを示したのだ。これは、秀吉がそれまでの「織田体制」から自立を始めるとともに、解体に取りかかったことを意味した。なお、安土城は城下にその後も侍衆がいたが、天下人の政庁としての役割を終えていく〔松下 二〇一四〕。

安土城跡の黒金門へと続く石段■天正十年（一五八二）六月、「天主」などの主郭は焼失したが、その後も城郭として機能した　滋賀県近江八幡市

そして、この直後の八月から、秀吉は独特な糸印《いといん》を用いた朱印状を出し始め（「北風文書」『秀吉』八一六）、麾下《きか》の黒田孝高《くろだよしたか》ら諸将を動員して、近江安土城に代わる天下人としての自身の政庁となる摂津大坂城の普請《ふしん》に努めさせた（「光源寺文書」『秀吉』八一〇ほか）。また、北関東の大名・国衆たちが、相模北条氏から各々の領国（地域「国家」）存立の保護を求めてくるのを受け、信長生存時にあった政治関係を求めるとともに（「福島於菟吉氏所蔵文書」『秀吉』七四四ほか）、東国の政情対応を任せていた徳川家康に、進んでいない「関東惣無事」（関東情勢の政治解決）の実現を促す（『武徳編年集成』『秀吉』八三三）。秀吉からの督促を受け、同年十一月十五日、家康は相模北条氏へ「関東惣無事《そうぶじ》」の指示を伝達し、熟慮のうえに対応するよう指示した（「持田文書」『戦国遺文 後北条氏編』四五三二号文書）。このように、天下人を目指す秀吉が、東国情勢にも関わり始め、その動向にも影響をもたらしていく。

一方、尾張清須城に戻った信雄は、その後、新たに北伊勢を得たことにより、伊勢長島城へ居城を移した。そのうえで、同年初めより着手し始めていた、領国内の検地《けんち》（税賦課基準を定めるための土地調査）に本格的に取り組み、貫高制《かんだかせい》を基準とした統一的知行・収取《しゅうしゅ》体系の整備を進める。事業を進めるうえで、十月より信雄は、父信長の「天下布武」印に似た「威加海内《いかかいだい》」の印文を刻んだ馬蹄形印判を使用して、領国支配に臨む（「杉浦三郎兵衛氏所蔵文書」『愛12』一八五ほか）。ここに、信雄は自身が天下人織田家の当主であることを、改めて表明したといえる。

羽柴秀吉の糸印

織田信雄の「威加海内」馬蹄形印

空からみた長島城跡（⬇部）■木曽三川に囲まれており、城は中州の中央に位置する　三重県桑名市　画像提供：桑名市　一部加筆

このように、秀吉と信雄がそれぞれ立場に基づいて活動をおこなうなか、十一月になると、信雄が畿内（「上方」）で切腹したとの風聞が流れる、険悪な情勢が生じた（『家忠日記』）。しかし、実際には両者は、この時点ではまだ対立を表面化させていない。背景には、秀吉と親交をもつ信雄の宿老[*1]津川雄光《つがわかつみつ》・[*2]岡田重孝《おかだしげたか》や重臣の[*3]浅井長時《ながとき》らの働きかけがあったのだろう。

だが、信雄の復権を求める反秀吉派の織田家中の動きは収まらず、ついに翌天正十二年（一五八四）三月六日、信雄が津川雄光・岡田重孝・浅井長時を伊勢長島城で殺害してしまう（「香宗我部文書」『愛12』二九〇ほか）。

ここに、信雄と秀吉の対立は表面化し、両者の対立は「小牧・長久手の戦い」に至ることになる。

＊1　津川雄光■はじめ織田信長に仕え、のちに信雄の宿老となった。もとは義冬と称したが、信雄から一字を拝領し、雄光と名乗った。伊勢松ヶ島城（三重県松阪市）の城主を務めたといわれる。

＊2　岡田重孝■はじめ織田信長の馬廻を務め、本能寺の変後に信雄に仕えた。尾張星崎城（名古屋市南区）の城主を務めたといわれる。

＊3　浅井長時■はじめ織田信忠、本能寺の変後に信雄に仕える。尾張苅安賀城（愛知県一宮市）の城主を務めたといわれる。

■織田から羽柴へ移りゆく■

織田信雄による、津川雄光・岡田重孝・浅井長時の殺害は、羽柴秀吉との断交を世に示した政治行為である。信雄は、徳川家康に相談のうえで殺害を実施していた（「真田家宝物館所蔵文書」『愛12』二八四）。家康が応じたのは、信雄を支持した親類大名という立場と、この頃徳川氏に任されていた関東情勢への対応に、主導者として関与し始めた秀吉への牽制からであった。家康は、信雄が殺害を実行するとすぐに出陣し、十三日には尾張清須城に着き、信雄と対面した（「吉村文書」『愛12』二九八）。

信雄と家康の敵対行為に対して、秀吉は十日に摂津国大坂を発ち、京都で諸勢を参集させた後、信雄討伐のため伊勢・尾張両国へ出陣した（『兼見卿記』）。そして、ほどなく信雄の領国だった伊賀国は秀吉方の先勢に攻略される（「佐竹文書」『秀吉』九九三）。また、秀吉支持の立場を示した美濃国の池田恒興・元助父子と森長可らは、尾張国へ出陣し、十四日に犬山城《いぬやま》（愛知県犬山市）を攻略した。

十七日、徳川勢は池田・森勢を羽黒《はぐろ》（同前）で破り、家康は信雄とともに小牧山城（同小牧市）に入る（『家忠日記』ほか）。これに対し、尾張国へ進軍した秀吉は楽田城《がくでん》（同犬山市）に陣取り、小牧山周辺に諸勢を配置して、織田・徳川勢に対峙した（『生駒

犬山城の復興天主■尾張国と美濃国の境に位置し、木曽川沿いの高さ約八十八メートルほどの丘に築かれた城郭である　愛知県犬山市

小牧山遠景■市街地にある標高85.9メートルの小山で、現在は山頂に小牧城の模擬天守（小牧市歴史館）がある　愛知県小牧市　画像提供：小牧市教育委員会

家宝簡集』『秀吉』九九八）。

織田・徳川勢との対峙が続くなか、秀吉は事態の進展を図って、四月六日に甥の三好信吉《のぶよし》（のちの羽柴秀次《ひでつぐ》）、池田恒興・元助父子、森長可、堀秀政ら二万四〇〇〇人ほどの軍勢を三河国岡崎（同岡崎市）方面に進軍させた（「山本正之助氏所蔵文書」『秀吉』一〇二〇）。八日、三好信吉らの軍勢は、織田・徳川方の尾張岩崎城（同日進市）を攻略する。この事態に、家康は同日夜に小牧山城を出陣し、翌日の午前中から正午にかけて、岩崎周辺で三好信吉らの軍勢を追撃して破った（「徳川美術館所蔵文書」『愛12』三八一ほか）。

この「長久手の戦い」で、羽柴方は池田恒興・元助父子、森長可らが戦死した。敗報を聞いた秀吉は、すぐに竜泉寺《りゅうせんじ》（名古屋市守山区）に向かうが、家康はすでに

間島太閤山跡■秀吉が竹鼻城を攻める際、本陣を置いたといわれている場所である　岐阜県羽島市

撤兵していたため、秀吉は楽田城へ帰陣のうえ、岐阜方面へ移る（『家忠日記』ほか）。五月、羽柴勢は織田方の尾張加賀野井城《かがのい》（岐阜県羽島市）を攻略したうえで、織田方の将としてあった不《ふ》和《わ》広綱《ひろつな》が守る竹鼻城《たけがはな》（同前）を水攻めし、六月十日に開城させた（『多聞院日記』ほか）。一方、家康は十二日に清須城に移り、このときは

図10　小牧・長久手の戦い主要城郭位置図

羽柴方として行動していた滝川一益の蟹《かに》江《え》城（愛知県蟹江町）を攻撃、七月三日に一益を降伏させた（『家忠日記』）。また、家康は同盟関係にある相模北条氏に援兵の派遣を求めた。だが、北条氏は秀吉に従う常陸佐竹氏をはじめとした反北条勢力の北関東の大名・国衆らと、下野《しもつけ》国沼《ぬま》

岩崎城の井戸跡■直径二・四メートルの素掘りの井戸である。岩崎城は尾張国と三河国を往来する街道の要衝地に築かれた城で、井戸のほか土塁や空堀といった遺構が残されている　愛知県日進市　画像提供：日進市教育委員会

尻《じり》（栃木県藤岡市）で対峙しており、援軍を派遣できずにいた。

こうしたなか、摂津国大坂へ帰っていた秀吉は、八月二十六日に再び尾張国に進攻した（『貝塚御座所日記』）。羽柴勢の進攻に、家康は二十八日に岩倉城（愛知県岩倉市）に入る。両勢は、尾張国北部で戦闘しながらも、九月になると講和を試みた。だが、九月七日に講和交渉は決裂する（『家忠日記』）。

その後、羽柴勢は十月下旬に信雄の領国・南伊勢を攻略したうえ、十一月六日には信雄の居城の伊勢長島城近辺に位置する桑名（三重県桑名市）にまで進軍した（「水口加藤文書」『秀吉』一二五二ほか）。

そのため、信雄は自ら秀吉の陣所へ願い出て、十二日に講和（実質的には信雄の降伏承認）が結ばれた（『家忠日記』）。その際に信雄は、秀吉方の占領下にあった南伊勢と伊賀国を割譲し、自身や叔父織田長益《ながます》（のち出家し、有楽斎《うらくさい》を称す）の実子、重臣らの母・実子を人質として差し出した。また、信雄の降伏に応じて家康も秀吉と講和し、二男の義伊《ぎい》（のちの結城秀康《ゆうきひでやす》）を人質に差し出す（「伊木文書」『秀吉』一二六二ほか）。こうして、小牧・長久手の戦いは、秀吉の勝利で幕を閉じた。

小牧・長久手の戦いは、開始当初の局地戦で家康が羽柴勢を破ったことから、秀吉のその後に大きな影響を与えた戦争として知られる。しかし、小牧・長久手の戦いは、信長後継の天下人をめぐる織田権力内の対立が発展して生じたもので、戦争はその後も続き、最終的に勝者となったのは秀吉だった。そして、秀吉はこの戦争

九鬼一族の墓■小牧・長久手の戦いでは、水軍の九鬼嘉隆も秀吉方として活躍したが、織田・徳川勢の前に敗北してしまった。義隆の墓は写真中央の五輪塔である　三重県鳥羽市

の勝利により、織田家当主の信雄との主従関係を逆転（下剋上）させ、織田家に代わる天下人として、その立場を固めていったのである。

■「豊臣秀吉」の誕生と信雄の処遇■

羽柴秀吉は、小牧・長久手の戦い終結直後の天正十二年（一五八四）十一月二十八日、朝廷からも天下人の立場を認められ、従三位権大納言となった。これにより、正五位下左近衛中将だった織田信雄を官位でも凌駕し、天下＝中央政務を管掌する豊臣権力（中央権力としての羽柴氏）が、名実ともに本格的に動き出す。

なお、秀吉はその後「豊臣」へ改姓するが、これは関白《かんぱく》任官に際して改めた藤原姓からの氏《うじ》の改姓で、名字《みょうじ》は終生「羽柴」のままである〔黒田 二〇一六・二〇一七〕。通常、武家は氏ではなく名字を冠して呼ぶ。したがって、本書では秀吉とその一族（秀長《ひでなが》、秀次、秀頼《ひでより》など）を羽柴名字で表記する。ただし、中央権力としての羽柴氏、さらには天下一統により羽柴氏のもとに展開した全国政権については、「豊臣権力」・「豊臣政権」とする。

ところで、信雄は天正十三年二月二十二日に摂津大坂城の秀吉のもとへ出頭し、秀吉に臣従する姿勢をはっきりと示した（『貝塚御座所日記』）。そのうえで、織田家当主として、秀吉の推挙により同年三月一日に正三位権大納言となる（『兼見卿記』）。

結城秀康画像■家康から秀吉に人質に出された秀康は、天正十二年（一五八四）には「羽柴」名字を称した　東京大学史料編纂所蔵模写

羽柴秀吉画像■個人蔵

しかし、その直後の三月十日には、秀吉自身が正二位内大臣に叙任され、初の参《さん》内《だい》を遂げる（『兼見卿記』、『貝塚御座所日記』）。このように、この叙任は、天下人秀吉と織田家当主の信雄との政治関係を世間へ示す行為としておこなわれた。そして、この政治行為を通じて、信長死後も政局を規定し続けてきた「織田体制」は解体されたのであった。

　その後、秀吉はさらに七月十一日に従一位関白となり、八月には四国を平定するとともに、北陸で対立していた佐々成政を従わせ、羽柴家による天下＝「日本国」中央の安泰（「天下静謐」）と占有を成し遂げた。そして、秀吉は信長の国内諸勢力の統合事業を継承して、「天下静謐」の維持のため、軍事力に支えられた権勢を背景に、各地の戦国大名・国衆による紛争を取り締まり、政治的・軍事的に統制し従えていく天下一統に取りかかった。

　なお、信雄は引き続き織田家当主としてあったが、その立場はそれまでとは異なるものであった。もともと、織田家当主としての信雄の立場は、正統な家督相続者

織田秀信（三法師）がいた坂本の現在の風景■滋賀県大津市　画像提供：びわ湖大津観光協会

の三法師が幼少なため、成人するまでの暫定的なものであった。そのため、天正十二年三月に信雄が秀吉と敵対し、小牧・長久手の戦いが起こると、坂本城に移されていた三法師は京都に置かれ、身柄を確保された。小牧・長久手の戦いにあたり、秀吉は三法師を切り札として織田家諸将への正当性を確保し、信雄を斥けようとしたのである。だが、同年十一月に信雄が秀吉に降伏し従うことで、織田家当主の立場を認められると、三法師は再び秀吉の客分として近江坂本城に戻っていった（『兼見卿記』）。こうして、信雄は三法師名代の織田家当主から、秀吉に臣従する豊臣大名織田家の当主へとなったのである。

　この頃、信雄の領国は、小牧・長久手の戦いによる戦禍を被ったうえ、敗戦にともない尾張国と北伊勢のみに縮小した。その対応に追われていたさなか、天正十三年十一月二十九日に発生したマグニチュード七・二～八・一と推定されている「天正地震」により、居城の伊勢長島城が倒壊するなどの大被害を蒙ってしまう（『長島略記』『愛12』一一七九ほか）。この事態に、信雄は翌年二月に居城を再び尾張清須城へと移し（「氷室光大夫家文書」『愛12』一〇七七）、城下の大規模な改修を進めるとともに、七月には領国内の検地を実施して、家臣や寺社へ所領の再給与や所領替えをおこなった（「真田宝物館所蔵文書」『愛12』一一〇一ほか）。このように、信雄は小牧・長久手の戦いによる戦禍、「天正地震」と相次ぐ領国の存立危機に対し、再興と知行・収取体系の整備に努めていったのである。

清須城下町遺跡の噴砂の地層■噴砂とは、地震で地盤が液状化した際に、地盤の亀裂から砂を大量に含んだ地下水が噴出する現象のことである。清須でも被害があったことがわかる　愛知県清須市　画像提供：愛知県埋蔵文化財センター

一方で、講和後も秀吉への政治対応に様子をうかがっていた徳川氏の従属交渉が、臣従に伴う役割として信雄に課された。天正十三年になると、徳川家康の周辺では、真田昌幸ら信濃国衆の相次ぐ離叛や、宿老の石川康輝《やすてる》（数正《かずまさ》）の出奔といった領国内の動揺、さらにはそれに応じて進められた秀吉の来襲がせまる危機下にあった（柴二〇一七）。

こうした状況のなかで起きた「天正地震」は、家康に救いの手を差し伸べた。地震の被害のために秀吉が出陣を延期し、融和路線に切り替えたのである。これを受けて信雄は、天正十四年正月二十四日に三河岡崎城に出向き、二十七日には家康と対面して秀吉との和睦を図り、家康に応じさせた（『貝塚御座所日記』）。これを受けて、秀吉は二月に家康を赦免し（「一柳文書」『秀吉』一八四九）、五月には家康の要望を受け入れ、妹の旭姫《あさひひめ》を嫁がせ、羽柴家の親類とする。

そのうえで、秀吉は十一月の正親町《おおぎまち》天皇譲位式の開催も企図して、家康に臣従の証として上洛を求めた。秀吉の要請に従い、十月に上洛した家康は、二十七日に摂津大坂城で秀吉に対面して臣従を誓った（『家忠日記』ほか）。ここに、信雄が秀吉から課された徳川氏への従属交渉が実を結んだのである。

天正十五年八月、信雄は正二位に叙され、十一月には内大臣となった（『公卿補任』）。信雄の地位は、主家の羽柴家に次ぎ、従属大名のなかでは最高位にあった。秀吉は、天下人にあった元主人の信雄を羽柴家の次位に位置づけることで、現天下

帰雲山崩壊跡■「天正地震」で大崩落を起こし、帰雲城をはじめ、城下の屋敷や牛馬に至るまで埋没する大きな被害を受けたといわれる　岐阜県白川村

人としての地位を維持しようとしたのである。そして、翌年四月には、秀吉は京都における自身の邸宅である聚楽第《じゅらくてい》（京都市上京区）に後陽成《ごようぜい》天皇を行幸《ぎょうこう》させ、供奉した信雄・徳川家康ら諸大名に、天皇の面前で秀吉への臣従を誓約させた（『聚楽行幸記』〈『群書類従』第三輯所収〉）。

その際の起請文（誓約書）には、信雄と叔父の信兼がそれぞれ「平信雄」・「平信兼」、徳川家康が「源家康」、長宗我部元親が「秦《はた》元親」でみられる。前田・丹羽・蒲生・細川ら旧織田家臣の大名や宇喜多秀家《うきたひでいえ》・大友義統《よしむね》が「豊臣」姓でみえるなか、織田信雄・信兼の平姓、徳川家康の源姓などが許されたのは、他姓を従えた豊臣姓の優越性を示す、秀吉の政治的意図によるのであろう。ただし、このときの行幸を機に、臣従した諸大名には羽柴名字・豊臣姓の授与が進められていく〈黒田 二〇一六・二〇一七〉。

また、行幸時に「清華成《せいがなり》」を遂げた大名として、羽柴一門の弟秀長・甥秀次のほかに、織田信雄・徳川家康・宇喜多秀家の披露がなされた。清華とは、摂関家に次ぐ太政大臣《だじょうだいじん》を極官《ごっかん》とした公家の家格である。行幸後には上杉景勝《かげかつ》と毛利輝元、のちに前田利家と小早川隆景《たかかげ》が加わる〈矢部 二〇一二〉。官位のほかに、秀吉はこうした公家の家格を用いて、「織田体制」を解体させて天下を占有した従一位関白太政大臣（太政大臣には天正十四年十二月に任官）である自身の下に武家を序列化し、全国政権としての豊臣政権を展開していった。信雄は、そのなかで天下人の羽柴家

後陽成天皇画像■父の誠仁親王が早世したため、正親町天皇から位を譲位された。在位期間は天正十四年（一五八六）から慶長十六年（一六一一）。学問や文芸にも関心が深かった　『歴代至寶帖』※

に次ぐ高位の臣従大名としてあり続けたのである。

■信雄はなぜ改易となったのか■

天正十七年（一五八九）十一月、相模北条氏が自身への従属とそれにともなう紛争の解決の決まり（惣無事令）に違犯したことにより、秀吉は討伐を決定する。十二月、信雄の関東出陣は翌年二月五日に決定し、その際に率いるよう求められた軍勢数は、一万五〇〇〇人であった（「伊達家文書」『秀吉』二九〇六）。

また、天正十八年正月二十一日には、上洛していた徳川家康の嫡男長丸《ちょうまる》（のちの徳川秀忠《ひでただ》）と秀吉の養女になっていた信雄の娘・小姫君《こひめぎみ》とが、聚楽第で祝言をあげた（『多聞院日記』）。小姫君は、二、三歳のときより秀吉の養女として育まれ、このときは六歳だった。この婚姻（実質は婚約）は、織田・徳川両家の縁組みとしてだけでなく、長らく病臥に伏し、正月十四日に死去した秀吉の妹で家康正室の旭姫に代わる、徳川家との関係強化を目的とした縁組みでもあった。だが、小姫君は翌年七月九日に死去してしまう（『時慶記』）。

天正十八年二月、先鋒の徳川氏に次ぐ二番勢として一万七〇〇〇人を率いて関東に出陣した織田勢は、三月末より伊豆韮山城《にらやま》（静岡県伊豆の国市）の攻略を担当した（「毛利文書」『秀吉』二九一一ほか）。だが、城将北条氏規《うじのり》を中心に韮山城の守備が堅固であることから、四月になると、秀吉は信雄らの軍勢を配置替えして、熱海《あたみ》

徳川秀忠画像■東京大学史料編纂所蔵模写

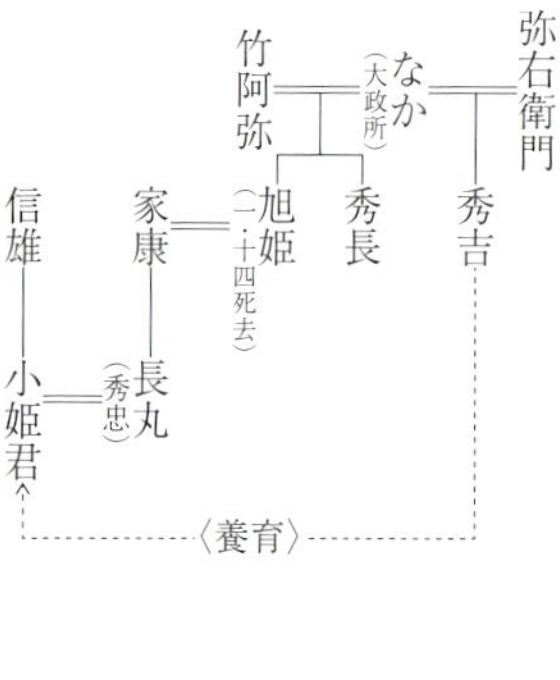

系図3　羽柴・徳川・織田姻戚関係系図

（同熱海市）方面より北条氏の居城である相模小田原城（同小田原市）を攻囲するよう指示した（「本願寺文書」『秀吉』三〇一六）。以後、信雄は小田原城の攻囲に努める。

やがて四月から六月にかけて、豊臣方軍勢の攻勢に北条方の支城や従属国衆の居城が次々と攻略されていき、豊臣方優勢の戦況に至る。これに関連して、徳川家康の関東移封《いほう》（「国替《くにがえ》」）が必然となっていくにつれ、信雄も駿河・遠江・三河・甲斐・信濃の五ヵ国からなる徳川領国（「家康之御分国」）への移封が噂されるようになった（「『源喜堂古文書目録』所収小幡文書」『戦国遺文 後北条氏編』四五四三号文書）。移封の噂に、織田領国内では「騒動」が生じたらしく、七月一日、信雄は留守居の家臣に秀吉から移封は命じられていないと伝えたうえで、「騒動」を取り締まるよう指示している（「埴原家文書」『愛12』一六六一）。

だが、七月の北条氏降伏後、秀吉による徳川領国への移封命令は現実におこなわれ、それを拒絶した信雄は改易《かいえき》となり、下野国那須《なす》（栃木県那須市）に追放された（『当代記』ほか）。信雄が秀吉の移封命令を拒絶したことは、ルイス・フロイス著『日本史』にもみられ、「信雄は異議を唱え、従来の領国伊勢・尾張は父が残したものであって満足しているので、もとのままにしておいてもらいたい、と願い出た」ことが、秀吉を激怒させたとある。なお、信雄が改易された時期は、七月十四日から八月四日の間のこととされる〔岡田 二〇一六〕。

それでは信雄は、なぜ秀吉の移封命令を拒絶してしまったのだろうか。残念なが

小田原城の外郭を囲う大規模な堀切■幅二〇～三〇メートル、深さが土塁の頂上から十二メートルという全国的にみても大規模で、当時の様子がよく伝わる　神奈川県小田原市

ら、そのことを直接的に語ってくれる史料はない。そのため、信雄が秀吉の元主筋という意識を持ち続け、状況を判断できなかったという個人的な能力に要因を求める説がある。

しかし、信雄が七月一日に移封は秀吉から命じられていないとを伝えたうえで、「騒動」の取り締まりを命じていることに注目すると（「埴原家文書」『愛12』一六六二）、秀吉の移封命令に対する織田領国内の反発を押さえることができず、信雄は拒絶を示してしまったというのが実情だったのではないだろうか。

地域と直接対峙し、領国（地域「国家」）の存立に努めることで、領国を統治する政治権力として存在した当時の大名権力のあり方をふまえれば、移封に反発を示す地域の求めに応えなければならなかったという大名権力としての姿勢にこそ、拒絶の要因は求められよう。

だが、豊臣政権の政治的・軍事的保護のもとに大名権力として存在した信雄には、徳川氏を秀吉に従属させた後も、豊臣政権が進める「関東・奥両国惣無事」活動で支障が生

烏山城の航空写真■改易処分を受けた信雄が配流中にこの城で過ごしたという。八高山に築かれた山城で、空堀・土塁・石垣など遺構も現存している　栃木県那須烏山市　画像提供：那須烏山市教育委員会

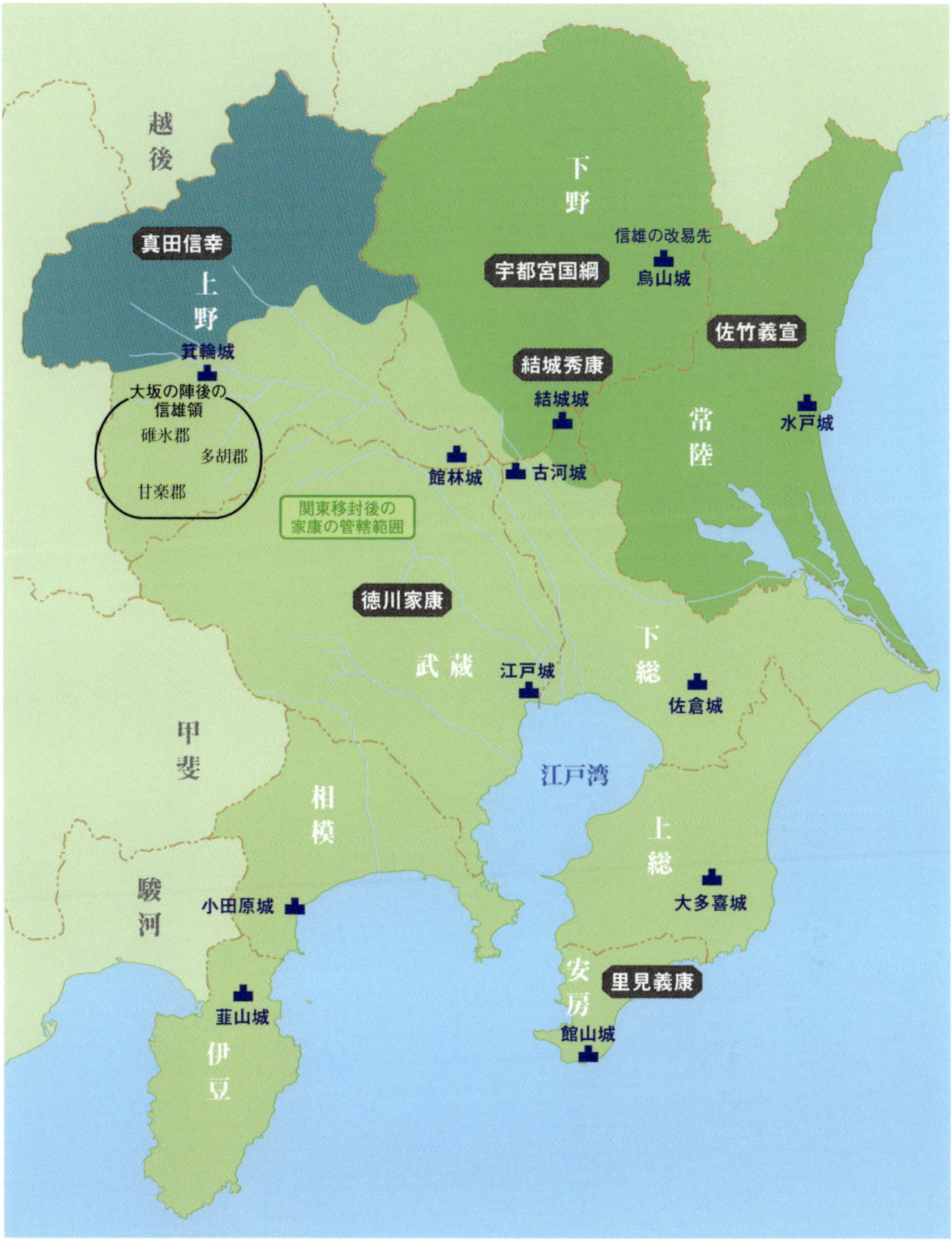

図 11　徳川家康関東移封後の勢力図

じてしまった場合には、軍事・外交面で助力に努める徳川氏を補佐し続ける立場にあった。それは、信雄が小田原合戦（相模北条氏の討伐戦）時に、徳川氏の後の二番勢として出陣を命じられたことなどに示されている。したがって、徳川氏が戦後の統治処理により関東移封となったとき、信雄も同様に、徳川氏の関東領国の後方に位置する旧徳川領国へ移封されるのは必然だった。つまり、これらの移封は、豊臣政権下の大名であった織田・徳川両氏に求められていた役割に基づいておこなわれた処置であったのである。

結局、信雄は領国内の動きと豊臣大名としての役割に折り合いがつけられないまま、秀吉の移封命令を拒絶してしまったことが、改易という事態を招いてしまったのだ。信雄の改易は、豊臣政権下の従属大名としてのあり方に、その要因があったのである。

■織田一族はその後どうなったのか■

秀吉からの移封命令を拒絶し、下野国那須に配流《はいる》となった織田信雄には、供する従者がわずかしかつけられなかったとされる（ル

伊予国絵図（国郡全図並大名武鑑）■※

イス・フロイス著『日本史』）。その後、信雄は天正十九年（一五九一）閏正月に徳川家康の尽力を得て、秀吉から配流を許され上洛した後に、伊予国道後《どうご》（松山市）に渡り過ごした（『当代記』ほか）。

『公卿補任』や諸系図類によると、那須への配流時に、信雄は出家して「常真《じょうしん》」を称したといわれる。しかし、天正十九年閏正月二十九日に、信雄が常陸佐竹氏に仕える大山義景に、秀吉から配流を許されたため上洛することを伝え、碁相手であった家臣平岡五右衛門に相伴を求めた書状（『秋田藩家蔵文書』『茨城県史料』中世Ⅳ、四二九頁）には、依然として「信雄」として署名している。したがって、信雄の出家はこの後のことで、常真（以下、信雄を常真と表記する）の初見は同年十一月九日のことである（「酒井家文書」『愛12』一三三一）。その背景には、秀吉による赦免獲得と嫡男秀雄《ひでかつ》の家督相続が関係しているようだ〔柴 二〇一六、黒田 二〇一七〕。

文禄《ぶんろく》元年（一五九二）春、常真は秀吉の指示に従い、肥前名護屋《なごや》城（佐賀県唐津市）へ出頭し、政治的に復権を果たす。そして以後は、秀吉の*相伴《しょうばん》衆として活動した（「東京国立博物館所蔵文書」『大阪城天守閣特別展 秀吉お伽衆―天下人をとりまく達人たち―』〔二〇〇七年〕、18号史料など）。

一方で、常真の嫡男秀雄が幼名三法師のまま、織田宗家《そうけ》（織田家の惣領《そうりょう》にあった家）の家督を相続することになった。秀雄は、母が北畠具房の娘で、天正十一年に生まれたといわれる（『寛政重修諸家譜』）。したがって、このときはまだ十歳にすぎなかっ

*相伴衆■ここでは饗応などの際に、秀吉の相手をする人々のこと。

名護屋城天主台趾の碑■名護屋城は城の面積が約十七ヘクタールにおよび、当時としては大坂城に次ぐ大規模な城郭であった　佐賀県唐津市

大野城跡の復興天守■越前国大野領に移封された織田秀雄が本拠とした。雲海が立ちこめるため、現在では〝天空の城〟ともいわれる　福井県大野市　画像提供：大野市商工観光振興課

たが、父の常真が当主の座を退くことで、織田宗家の再興が果たされたのである。

その後、秀雄は文禄三年十月以前に元服を遂げ、秀吉から従四位下侍従に叙任されたうえ、近江国大溝領（滋賀県高島市）を与えられて、「羽柴大溝侍従」を名乗る（黒田二〇一七）。そして、翌年七月以前に、秀雄は越前国大野領（福井県大野市）に移封のうえ、正四位下参《さん》議《ぎ》（宰相《さいしょう》）となり、「羽柴大野宰相」としてみえる（「大阪城天守閣所蔵文書」『愛13』六八四）。このように、再興された織田宗家の当主となった秀雄は、父の常真のときとは異なり、他の大名と同様に、羽柴名字を名乗る御一家大名として活動していく。

ところで、正統な織田家の家督相続者でありながら、秀吉の庇護のもとに過ごしていた三法師は、天正十六年四月の聚楽第行幸時に、「三郎侍従秀信」としてみえ

現在の長良川■織田秀信が支配した岐阜領に流れる。秀信は鏡島湊新町の開設をすることで、長良川水運の支配を推し進めた　岐阜市　画像提供：岐阜市

る（『聚楽行幸記』）。したがって、このときまでには元服を遂げ、通称（仮名《けみょう》）として三郎、実名は秀信を名乗り（以下、秀信とする）、従四位下侍従に叙任されていたことがわかる。その後、秀吉の甥で美濃岐阜城の城主だった羽柴小吉《こきち》秀勝が文禄元年九月九日に朝鮮巨済島で病死すると、秀信は小吉秀勝の遺跡《ゆいせき》を継承して岐阜城主となり、美濃衆を率いた。

秀信の立場を、『勢州軍記』（『続群書類従』第二十一輯所収）は「岐阜宰相秀成〔勝〕之養子」としていることが注目される。それは、小吉秀勝が信長の五男・秀吉の養子であった次秀勝の遺跡を継承していたからである。つまり、秀信は叔父次秀勝の系統に連なったことにより、織田嫡流家を再興したのだ。

小吉秀勝の遺跡を継いだ秀信は、美濃岐阜領に入り、文禄元年十二月十日に鏡島湊新町（岐阜市）の開設を許し、十四日には湊の運営を保証して諸役を免除している（「馬淵鈴之助氏所蔵文書」『岐阜県史』史料編古代・中世4、一〇三二頁）。そして、これ以後、秀信は寺領寄進や諸役免許、乱妨《らんぼう》行為の取り締まりなど、領国支配に従事していく（「法華寺文書」『岐阜県史』史料編古代・中世1、一一九頁ほか）。

ちなみに、文禄二年五月二十日には「岐阜中納言」としてみえるので（「東京国立博物館所蔵文書」『千葉県の歴史』資料編中世4県外文書1、五〇七頁）、このときまでには従三位権中納言となっていたことがわかる。『公卿補任』では、秀信の従三位権中納言の叙任を慶長《けいちょう》元年（一五九六）のこととするが、文禄四年七月七日の

織田秀信の花押

岐阜城の復興天守■岐阜市

秀次事件を受けて提出を求められた起請文（「大阪城天守閣所蔵文書」『愛13』六八四）にも、「羽柴岐阜中納言」として血判・花押を据えているので誤りである。

また、次秀勝が不確かながら中納言に任官したとされる。これが事実ならば、この任官は秀信がその系統の遺跡を継承したことと関連があるのだろう。このように、秀信は次秀勝・小吉秀勝の遺跡を継承した羽柴御一家大名として位置づけられ、岐阜領国の支配にあたったのである。

常真・秀雄父子、秀信ら織田一族はいずれも、秀吉の庇護のもとに立場を位置づけられ、活動を求められていった。そして、慶長三年八月の秀吉の死後、豊臣政権内部の政争が、やがて慶長五年に戦乱へと発展すると、彼らはその立場から相次いで石田《いしだ》三成《みつなり》・毛利輝元らの反徳川勢力（いわゆる西軍）に属して活動する。

とくに秀信は、居城の美濃岐阜城で、西上を急ぐ徳川方の軍勢（いわゆる東軍）

石田三成画像■羽柴秀吉の奉行として活躍し、関ヶ原合戦では西軍を組織した　東京大学史料編纂所蔵模写

を迎え撃つ。だが、福島正則《ふくしままさのり》・池田照政（のち輝政）の両勢を中心とした徳川方の攻勢に、八月二十三日に降伏した（「浅野家文書」『愛13』九八三ほか）。降伏した秀信は、その後、剃髪して紀伊国高野山《こうやさん》（和歌山県高野町）に赴き（『太田和泉守記』『愛13』一〇七二）、慶長十年五月八日に二十六歳で死去している。法名は圭巖松貞大善院（『寛政重修諸家譜』）という。

一方、秀雄も反徳川勢力に与《くみ》したため、関ヶ原の戦い後に越前国大野領を失い、武蔵国浅草《あさくさ》（東京都台東区）に隠棲《いんせい》したといわれる。その後、秀雄は許されるが、慶長十五年八月八日に二十八歳にて死去した。法名は天巖玄高月院（『寛政重修諸家譜』）で、父の常真に先んじた早すぎる死去であった。

常真は、秀吉の死後も摂津国大坂天満《てんま》に住み続けたが、羽柴氏が徳川権力（江戸幕府）との対立を強めると、慶長十九年十月に当主の秀頼を大坂

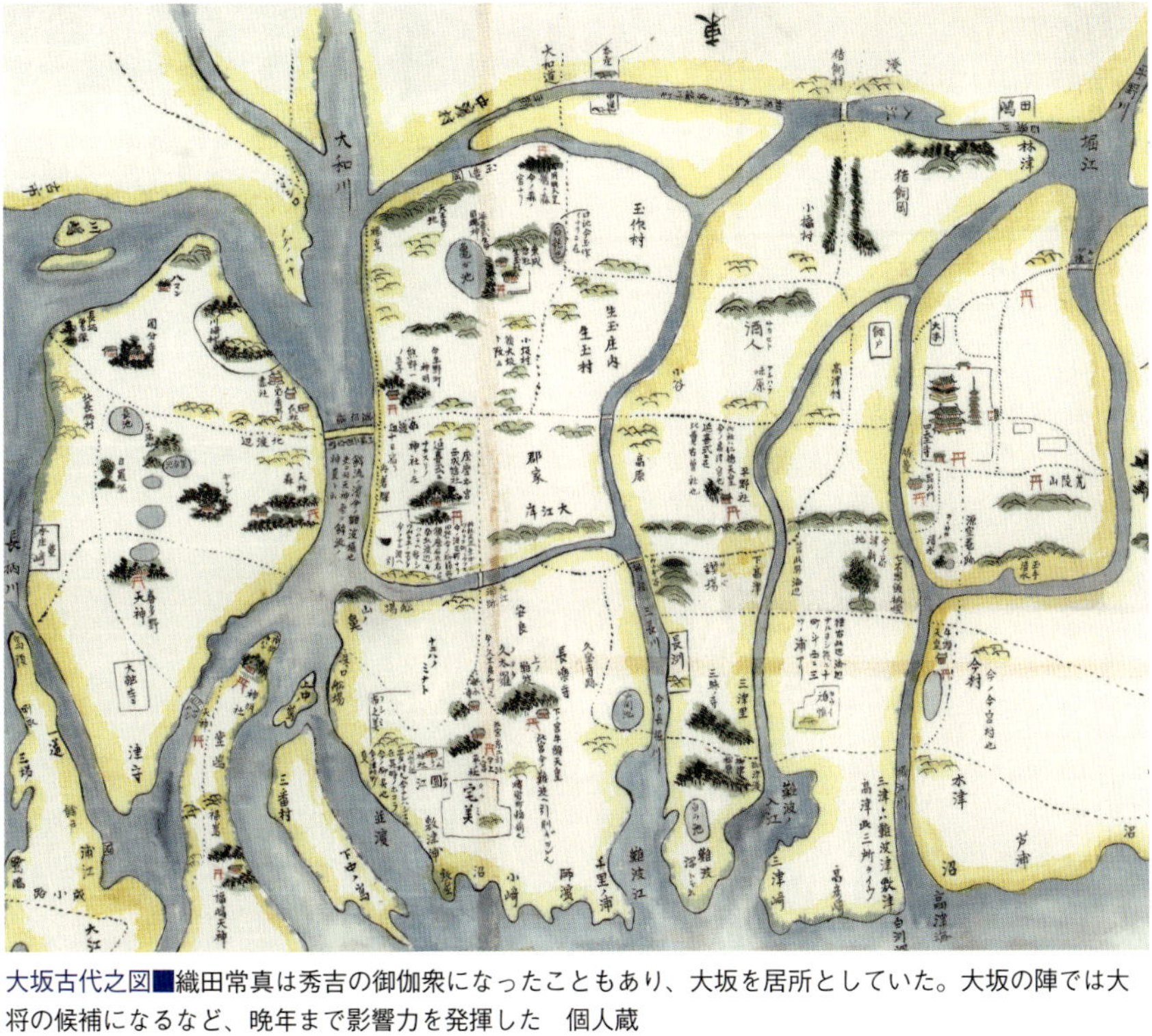

大坂古代之図■織田常真は秀吉の御伽衆になったこともあり、大坂を居所としていた。大坂の陣では大将の候補になるなど、晩年まで影響力を発揮した　個人蔵

城から退城させ、常真を大将にした籠城案が出された。そのうえ、常真には秀頼からも「密談」が持ちかけられた（『駿府記』）。このとき、すでに政治の表舞台から退いていた常真だが、かつて天下人織田家の当主だったその存在は、依然として羽柴家に重視されていたのである〔小川 二〇一四〕。だが、この事態を危惧した常真は、家康に通じて大坂を退出する。そして、同月二十六日に山城二条城（京都市中京区）で家康と対面し、所領宛行を約束されている（『駿府記』）。

大坂の陣後の元和《げんな》元年（一六一五）七月二十三日、家康との所領宛行の約束に基づき、常真は大和国宇陀《うだ》郡（奈良県宇陀市）と、上野国甘楽《かんら》・多胡《たご》・碓氷《うすい》の三郡（群馬県甘楽町・富岡市・安中市など）内で五万石を与えられた（『駿府記』）。このうち、上野国甘楽・多古・碓氷の三郡内での二万石は、秀雄の死後に後継の立場にあった三男の信良《のぶよし》に分け与えられ、常真は大和国松山（奈良県宇陀市）に拠点を置いて、宇陀郡内の三万石を領有した。その後、常真は京都北野（京都市上京区）に移り住み、寛永《かんえい》七年（一六三〇）四月晦日に死去した。享年は七十三、法名は実巌真公徳源院（『寛政重修諸家譜』）。織田家の盛衰のなかを生き抜いた人生であった。

そして江戸時代、天下人から凋落するという苦難を乗り切った織田氏は、常真（信雄）系統の丹波国柏原《かいばら》藩（大和宇陀藩の後裔）・出羽国天童《てんどう》藩（上野国小幡藩の後裔）のほか、信長弟の長益系統の大和国芝村《しばむら》藩・同柳本《やなぎもと》藩、信長子息の信高《のぶたか》・信貞《のぶさだ》の系統などが、徳川将軍家の旗本として続いていく。

織田信雄の供養墓■一番手前の五輪塔が信雄のもので、四代・三代・二代の順に並ぶ　滋賀県近江八幡市

【主要参考文献】

粟野俊之「織田政権と東国」（粟野『織豊政権と東国大名』、吉川弘文館、二〇〇一年）
岡田正人「織田信雄の改易について」（柴裕之編『論集戦国大名と国衆20　織田氏一門』、岩田書院、二〇一六年所収）
小川　雄「織田権力と北畠信雄」（戦国史研究会編『織田権力の領域支配』、岩田書院、二〇一一年）
同「信長は、秀吉をどのように重用したのか」（日本史史料研究会編『信長研究の最前線――ここまでわかった「革新者」の実像』、洋泉社〈歴史新書y〉、二〇一四年）
尾下成敏「清須会議後の政治過程―豊臣政権の始期をめぐって―」（『愛知県史研究』一〇、二〇〇六年）
同「小牧・長久手の合戦前の羽柴・織田関係―秀吉の政権構想復元のための一作業―」（『織豊期研究』八、二〇〇六年）
同「織田家の凋落と信雄・家康」（愛知県史編さん委員会編『愛知県史』通史編3　中世2・織豊、愛知県、二〇一八年）
加藤益幹「天正十年九月三日付惟住（丹羽）長秀宛柴田勝家書状について」（『愛知県史研究』一〇、二〇〇六年）
神田千里『戦国時代の自力と秩序』（吉川弘文館、二〇一三年）
同『織田信長』（筑摩書房〈ちくま新書〉、二〇一四年）
木下　聡「織田権力と織田信忠」（戦国史研究会編『織田権力の領域支配』、岩田書院、二〇一一年）
黒田基樹『羽柴を名乗った人々』（KADOKAWA〈角川選書〉、二〇一六年）
同『近世初期大名の身分秩序と文書』（戎光祥出版、二〇一七年）
柴　裕之「羽柴秀吉の領国支配」（戦国史研究会編『織田権力の領域支配』、岩田書院、二〇一一年）
同「明智光秀はなぜ本能寺の変を起こしたのか」（日本史史料研究会編『信長研究の最前線――ここまでわかった「革新者」の実像』、洋泉社〈歴史新書y〉、二〇一四年①）
同「織田権力の関東仕置と徳川家康」（柴『戦国・織豊期大名徳川氏の領国支配』、岩田書院、二〇一四年所収。本文中では「二〇一四②」として表記）。

同　「総論　織田信長の御一門衆と政治動向」（柴編『論集戦国大名と国衆20　織田氏一門』、岩田書院、二〇一六年）
同　「織田信長と諸大名―その政治関係の展開と「天下一統」―」（『白山史学』五三号、二〇一七年①）
同　『徳川家康――境界の領主から天下人へ』（平凡社〈シリーズ：中世から近世へ〉、二〇一七年②）
谷口克広　『尾張・織田一族』（新人物往来社、二〇〇八年）
同　『織田信長家臣人名事典　第2版』（吉川弘文館、二〇一〇年）
谷口　央　「清須会議と天下簒奪　実像編」（堀新・井上泰至編『秀吉の虚像と実像』、笠間書院、二〇一六年）
平野明夫　『徳川権力の形成と発展』（岩田書院、二〇〇六年）
平山　優　『武田遺領をめぐる動乱と秀吉の野望――天正壬午の乱から小田原合戦まで』（戎光祥出版、二〇一一年）
同　『増補改訂版天正壬午の乱――本能寺の変と東国戦国史』（戎光祥出版、二〇一五年）
藤田達生　『日本近世国家成立史の研究』（校倉書房、二〇〇一年）
同　「豊臣期の織田氏―信雄像の再検討―」（柴裕之編『論集戦国大名と国衆20　織田氏一門』、岩田書院、二〇一六年所収）
堀　新　『日本中世の歴史7　天下統一から鎖国へ』（吉川弘文館、二〇一〇年）
松下　浩　「天下統一へ」（近江八幡市史編集委員会編『近江八幡の歴史』第六巻通史Ⅰ、近江八幡市、二〇一四年）
丸島和洋　『武田勝頼―試される戦国大名の「器量」―』（平凡社〈中世から近世へ〉、二〇一七年）
矢部健太郎　『豊臣政権の支配秩序と朝廷』（吉川弘文館、二〇一一年）
山崎布美　「織田信孝の継目安堵―織田権力の終焉をみる―」（『国史学』二一五、二〇一五年）
山本博文　『信長の血統』（文芸春秋〈文春新書〉、二〇一二年）

【基本史料集】

愛知県史編纂委員会編　『愛知県史』資料編11織豊1、資料編12織豊2、資料編13織豊3（愛知県、二〇〇〇～二〇一一年）
奥野高廣　『増訂織田信長文書の研究』上巻、下巻、補遺（吉川弘文館、一九八八年）
奥野高廣・岩澤愿彦校注　『信長公記』（角川書店〈角川日本古典文庫〉、一九六九年）
功刀俊宏・柴裕之編　『戦国史研究会史料集4　丹羽長秀文書集』（戦国史研究会、二〇一六年）
『惟任退治記』・『柴田合戦記』（『続群書類従』第二十輯下合戦部、続群書類従完成会、一九二三年）
『鷺森日記』・『貝塚御座所日記』（真宗史料刊行会〈担当　上場顕夫〉『大系真宗史料文書記録編14　東西分派』、法蔵館、二〇一六年）
柴　裕之監修　「滝川一益受発給文書集成」（群馬県立歴史博物館『企画展図録　織田信長と上野国』、二〇一八年）
『史料雑纂当代記・駿府記』（続群書類従刊行会、一九九六年）
『史料纂集兼見卿記』一～三（続群書類従刊行会・八木書店、一九七一～二〇一四年）
竹内理三編　『増補続史料大成9　晴右記・晴豊記』（臨川書店、一九六七年）
竹内理三編　『増補続史料大成40　多聞院日記』三（臨川書店、一九七八年）
竹内理三編　『増補続史料大成19　家忠日記』（臨川書店、一九八一年）
東京大学史料編纂所編　『大日本古記録　言経卿記』一（岩波書店、一九六九年）
中村孝也　『新訂徳川家康文書の研究』上巻（日本学術振興会、一九八〇年）
名古屋市博物館編　『豊臣秀吉文書集』一～四（吉川弘文館、二〇一五～二〇一八年）
藤田達生・福島克彦編　『明智光秀――史料で読む戦国史③』（八木書店、二〇一五年）
三重県編　『三重県史』資料編中世1（下）、資料編中世2、資料編中世3（上）、資料編近世1（三重県、一九九三～二〇一七年）
松田毅一監訳　『十六・七世紀イエズス会日本報告集』第Ⅲ期第6巻（同朋社出版、一九九三年）
松田毅一・川崎桃太編　『完訳フロイス日本史』3～5（中央公論新社〈中公文庫〉、二〇〇〇年）

清須会議関連年表

西暦	和暦	日付	事項
一五五四	天文二十四	四月	織田信長が主家の織田大和守家を討ち、尾張清須城に入る。
一五五七	弘治三		織田信忠が生まれる（母は生駒氏）。幼名は寄妙。
一五五八	永禄元		織田信雄（母は生駒氏、幼名は茶筅）、織田信孝（母は坂氏）が生まれる。
一五六三	永禄六	二月	信長、居城を尾張清須城から同小牧城へ移す。
一五六七	永禄十	九月	信長、美濃斎藤（一色）氏を攻略し、美濃岐阜城に移り織田家の居城とする。
		十一月	信長、「天下布武」印の使用を開始する。
一五六八	永禄十一	二月	信長、北伊勢を攻略し、三男の信孝を伊勢国衆神戸氏の養子とする。
		九～十月	信長、足利義昭に協力して、「天下静謐」を成し遂げ、室町幕府を再興する。
一五六九	永禄十二	十月	信長、伊勢北畠具教・具房父子と和睦し、二男の茶筅（信雄）を具房の後嗣にする（北畠具豊と称する）。
一五七一	元亀二	正月	伊勢神戸城主の神戸具盛が近江日野城へ幽閉され、信孝が神戸家の当主となる（神戸信孝と称する）。
一五七三	元亀四・天正元	七月	信長が、室町幕府将軍の足利義昭を京都から追放する。
一五七五	天正三	七月	信長の嫡男奇妙が元服し、菅九郎信重と名乗る。のち、実名を信忠に改める。
		五月頃	神戸信孝、織田名字を名乗りだす（以下、織田信孝と称する）。
		六月二十三日	北畠具豊（信雄）、伊勢北畠家の家督を継ぐ。同年中に具豊は実名を信意に改め、正五位下左近衛中将となる。
		十一月	信長、従三位権大納言兼右近衛大将となる。
		十一月二十八日	信長、嫡男の信忠に、織田家の家督と尾張・美濃両国を譲与する。
一五七六	天正四	正月	信長、近江安土城の築城を開始し、翌二月に移る。
		十月頃	北畠信意（信雄）、北畠具教・具房父子や重臣らを粛正する。
		十一月	信長、正三位内大臣となる。
		十二月	信意（信雄）、補佐役にあった津田一安を殺害する。
一五七七	天正五	十月十五日	信忠、従三位左近衛中将となる。
		十一月	信長、従二位右大臣となる。
		十一月	信孝、従五位下侍従となる。
一五七八	天正六	正月六日	信長、正二位に叙される。
		四月九日	信長、右大臣・右近衛大将を辞官し、信忠への顕職を求める。
一五七九	天正七	九月	北畠信直（信雄、信意から改名）が伊賀国に出兵するも敗退。父の信長から譴責される。
一五八〇	天正八		この年、信長の嫡孫・信忠の嫡男として、秀信（幼名は三法師）が生まれる。
一五八一	天正九	二月二十八日	信長、京都で馬揃えをおこなう。御一門衆の信忠、北畠信雄（信直、信勝から改名）、信孝も参加する。
		三月九日	信長、左大臣に推任される。
		九月	北畠信雄、総大将として伊賀国を平定する。

一五八二	天正十	二月	信長、信濃国衆の木曽義昌の内応を受け、信忠を総大将とする軍勢を派遣。武田領国への侵攻を開始する。
		三月十一日	甲斐武田氏が滅亡する。これを受け、関東・奥羽で織田氏に敵対する勢力はなくなり、同地の大名や国衆は信長に使者を派遣。「東国御一統」と認識される状況になる。
		三月二十六日	信長、信忠に天下統治を譲渡する意向を示すが、信忠は辞退する。
		五月四日	信長、征夷大将軍に推任される。
		五～六月	信孝、三好康慶の養子となり、総大将を務める四国出兵が進められる。
		六月二日	信長、山城本能寺で明智（惟任）光秀の襲撃を受け、自刃する（本能寺の変、享年四十九）。信忠、二条御所での戦闘で、自刃する（享年二十六）。
		六月五日	光秀、安土城に入る。同日、信孝が丹羽（惟住）長秀とともに、摂津大坂城で織田信澄（信長甥、光秀の娘婿）を殺害する。
		六月十三日	信孝を総大将とした織田勢が光秀を討つ（山崎の戦い）。
		六月十五日	天下人織田家の政庁であった近江安土城の主郭部分が焼失する。
		六月十九日	上野厩橋城で「東国警固」にあたっていた重臣の滝川一益が相模北条氏に敗れる（神流川の戦い）。その後、伊勢国へ帰還する。
		六月二十七日	清須会議が開催される。三法師（秀信）が織田家の当主となり、宿老の柴田勝家・羽柴秀吉・丹羽（惟住）長秀・池田恒興の合議により政治運営をおこなうことが決まる。
		七月二日	織田家の当主となった三法師（秀信）が宿老の秀吉同伴のもとで上洛し、諸将・僧侶らから拝礼を受ける。その後、三法師は安土城の修築まで、叔父信孝の後見のもと、岐阜城に滞在する。やがて信孝は三法師後見のもとに織田権力の主導者としての活動を示し始め、秀吉と対立する。
		七月以降	織田信雄（北畠名字を改姓）が清須城に、信孝が岐阜城にそれぞれ入り、領国支配を始めるが、両者の間で尾張・美濃両国の国境対立が起こる。
		七～十月	徳川家康が織田権力の了承を得たうえで甲斐・信濃両国への侵攻を開始。その後、相模北条氏と甲斐国内で対峙し続けるが（天正壬午の乱）、信濃国衆の真田昌幸らが従属するなど戦況好転のなかで和睦する。
		十月十五日	秀吉、山城大徳寺で信長の葬儀を開催する。
		十月二十八日	山城本国寺で、秀吉が丹羽（惟住）長秀・池田恒興と対談し、信雄を三法師名代の家督として擁立することを決める。
		十月頃	柴田勝家が信孝の叔母・小谷の方（市、浅井長政の元室）と婚姻する。
		十一月	信雄・秀吉と対立するなか、信孝が父信長の「天下布武」印に倣った「弌剣平天下」印を使用し始める。
		十二月	信雄・秀吉らが信孝方勢力の平定にあたり、岐阜城を攻囲する。信孝、信雄・秀吉勢の攻勢に和睦を願い出て、三法師を手放したうえ、母を人質として差し出す。
一五八三	天正十一	正月末日	信雄、近江安土城に入る。翌閏正月、同城にて諸将・諸人より御礼を受ける。
		二月	秀吉、対立する柴田勝家・滝川一益の討伐に動き、北伊勢に出陣する。信雄、秀吉に加わる。
		三月	柴田勝家、深雪のなかを江北に出陣。秀吉、迎撃に赴き対峙する。
		四月	信孝、挙兵する。秀吉、信孝の母を磔刑としたうえ、同月十六日に美濃大垣城に着陣する。

		四月二十日	柴田勢の佐久間盛政が、賤ヶ岳の秀吉方陣営を攻撃し、中川清秀らを討ち死にさせる。
		四月二十一日	秀吉、柴田勝家と戦い、勝利する（賤ヶ岳の戦い）。その後、同月二十四日には勝家の居城であった越前北庄城を攻落させ、勝家・小谷の方らを自刃に追い込む。
		四月二十五日	秀吉、加賀国金沢まで進軍。柴田勢の屈服を確認し、越後上杉氏に従属の証として人質を差し出させる。
		五月二日	信雄に岐阜城から連行された信孝が、尾張大御堂寺で自刃する（享年二十六）。
		六月	秀吉、摂津大坂城に入り、天下人としての立場を示しだす。安土城にいた信雄と三法師は追われる。その後、信雄は伊勢長島城に入り、尾張・伊勢両国の領国内で貫高制を基準とした統一的知行・収取体系の整備を進める。
		八月	秀吉、糸印を押捺した朱印状を発給し始める。
		十月	信雄、父信長の「天下布武」印に似た「威加海内」印を使用し始める。
		十一月	信雄が畿内で切腹したとの風聞が流れる。
一五八四	天正十二	三月六日	信雄、親秀吉派の宿老津田雄光らを殺害する。その後、徳川家康とともに挙兵する（小牧・長久手の戦い開始）。
		四月九日	長久手の戦いが起こり、羽柴方の池田恒興らが戦死する。
		十～十一月	羽柴勢が信雄の領国である南伊勢を攻略し、さらに信雄居城の伊勢長島城近辺の桑名に進軍する。
		十一月十二日	羽柴秀吉と織田信雄が講和する（実質的には信雄の降伏）。直後に家康も秀吉と講和し帰国する（小牧・長久手の戦い終結）。
		十一月二十八日	秀吉、従三位権大納言となり、官位でも信雄を凌駕する。
一五八五	天正十三	二月二十二日	信雄、摂津大坂城の羽柴秀吉のもとへ出頭し、臣従を示す。
		三月一日	信雄、秀吉の推挙により正三位権大納言となる。
		三月十日	秀吉、正二位内大臣となり、初の参内を遂げる。
		七月十一日	秀吉、従一位関白となる。
		八月	秀吉、四国・北国を平定のうえ、天下を占有する。信雄も北国平定戦に参加する。
		十一月二十九日	天正地震が発生。信雄の居城であった長島城が倒壊する。
一五八六	天正十四	正月	信雄、三河岡崎城に赴き、家康に秀吉との和睦を応じさせる。これを受けて、翌二月、秀吉は家康を赦免する。
		二月	信雄、居城を尾張清須城に移し、領国改革にあたる。
		五月十四日	秀吉、妹の旭姫を家康に嫁がせる。
		十月二十七日	家康、摂津大坂城で秀吉に対面し、臣従を誓う。
		十二月十九日	秀吉、太政大臣となる。
			この年、信雄が従二位に叙される。
一五八七	天正十五	八月八日	信雄、正二位に叙される。
		十一月十九日	信雄、内大臣となる。
一五八八	天正十六	四月	秀吉、後陽成天皇を山城聚楽第に行幸させる。信雄・家康は供奉し、その直前には「清華成」を遂げる。
一五九〇	天正十八	正月二十一日	徳川家康の嫡男長丸（のちの徳川秀忠）と秀吉の養女になっていた信雄の娘小姫君が山城聚楽第にて祝言をあげる（小姫君は翌年の天正十九年七月九日に死去）。

		二月	信雄、小田原合戦に際して、徳川勢に次ぐ二番勢として一万七〇〇〇人を率いて関東へ出陣する。
		七〜八月	信雄、羽柴秀吉から駿河・遠江・三河・甲斐・信濃の各国からなる徳川領国への移封を命じられるが、拒否したため、改易となり下野国那須に追放される。
一五九一	天正十九	閏正月	信雄、家康の尽力により秀吉から配流を赦される。その後、信雄は出家し、「常真」と称して（以下、織田常真）、伊予国道後に渡り過ごす。織田宗家は、嫡男の三法師（秀雄、母は北畠具房の娘）が継承か。
一五九二	天正二十・文禄元	春	秀吉、「唐入り」のため、諸大名に肥前国名護屋への参陣を命じる。常真も秀吉の指示で肥前名護屋城に赴き、政治的復権を果たす（以後、秀吉の相伴衆として活動する）。
		九月	岐阜城主の羽柴小吉秀勝（秀吉の甥）が病死。秀勝の遺跡を織田秀信が継承し、岐阜城主となる（同年十二月頃より領国支配を開始）。その後、翌文禄二年五月二十日以前に従三位権中納言に叙任される。
一五九四	文禄三	十月以前	常真の嫡男三法師が元服を遂げ、秀雄を名乗る。加えて、従四位下侍従に叙任され、近江国大溝領を与えられる（羽柴大溝侍従を称す）。
一五九五	文禄四	七月以前	織田常真の嫡男秀雄が越前国大野領に移封される。また、この頃までに正四位下参議（宰相）となる（羽柴大野宰相を称す）。
		七月二十日	秀次事件に際して、羽柴秀吉・秀頼父子に忠誠を誓う起請文に、常真・秀雄父子と織田秀信が血判・花押を据える。
一五九八	慶長三	八月十八日	羽柴秀吉が死去する（享年六十二）。
一六〇〇	慶長五	八月二十三日	反徳川勢力に与した織田秀信が、美濃岐阜城で福島正則・池田照政（輝政）らの徳川方軍勢の攻撃を受け、降伏する。降伏後、秀信は出家し高野山に赴く。
		九月十五日	関ヶ原の戦い、徳川家康が勝利する。戦後、反徳川勢力に与した織田秀雄は越前国大野領を失い、武蔵国浅草に閑居する。
一六〇三	慶長八年	二月十二日	家康が従一位右大臣兼征夷大将軍となる（江戸開幕）。
一六〇五	慶長十	五月八日	織田秀信が死去する（享年二十六）。
一六一〇	慶長十五	八月八日	織田秀雄が死去する（享年二十八）。
一六一四	慶長十九	十月二十六日	摂津大坂城を退出した常真が、山城二条城で家康と対面する。
		十一〜十二月	大坂冬の陣。
一六一五	慶長二十・元和元	五月六〜八日	大坂夏の陣、羽柴氏が滅ぶ。
		七月二十三日	常真が徳川家康より大和国宇陀郡、上野国甘楽・多古・碓氷の三郡内にて五万石を与えられる（上野国甘楽・多胡・碓氷の三郡内の二万石は、三男の信良に分与する）。
一六一四	元和二年	四月十七日	家康が死去する（享年七十五）。
一六三〇	寛永七	四月三十日	常真（信雄）が死去する（享年七十三）。

【著者略歴】

柴　裕之（しば・ひろゆき）

1973年、東京都生まれ。

東洋大学大学院文学研究科日本史学専攻博士後期課程満期退学。博士（文学）。

現在、東洋大学文学部非常勤講師、千葉県文書館県史・古文書課嘱託。

戦国・織豊期の政治権力と社会についての研究を専門とする。

単著に、『戦国・織豊期大名徳川氏の領国支配』（岩田書院、2014年）、『徳川家康―境界の領主から天下人へ―』（平凡社、2017年）、編著に『論集 戦国大名と国衆6 尾張織田氏』（岩田書院、2011年）、『論集 戦国大名と国衆20 織田氏一門』（岩田書院、2016年）、共著に『織田権力の領域支配』（岩田書院、2011年）などがある。

シリーズ・実像に迫る017

清須会議《きよすかいぎ》 秀吉天下取《ひでよしてんかと》りへの調略戦《ちょうりゃくせん》

2018年10月1日　初版初刷発行

著　者　柴　裕之

発行者　伊藤光祥

発行所　戎光祥出版株式会社
〒102-0083 東京都千代田区麹町1-7 相互半蔵門ビル8F

TEL：03-5275-3361（代表）　FAX：03-5275-3365

https://www.ebisukosyo.co.jp
編集協力　株式会社イズシエ・コーポレーション

印刷･製本　日経印刷株式会社

装　　丁　堀　立明

ISBN：978-4-86403-301-5